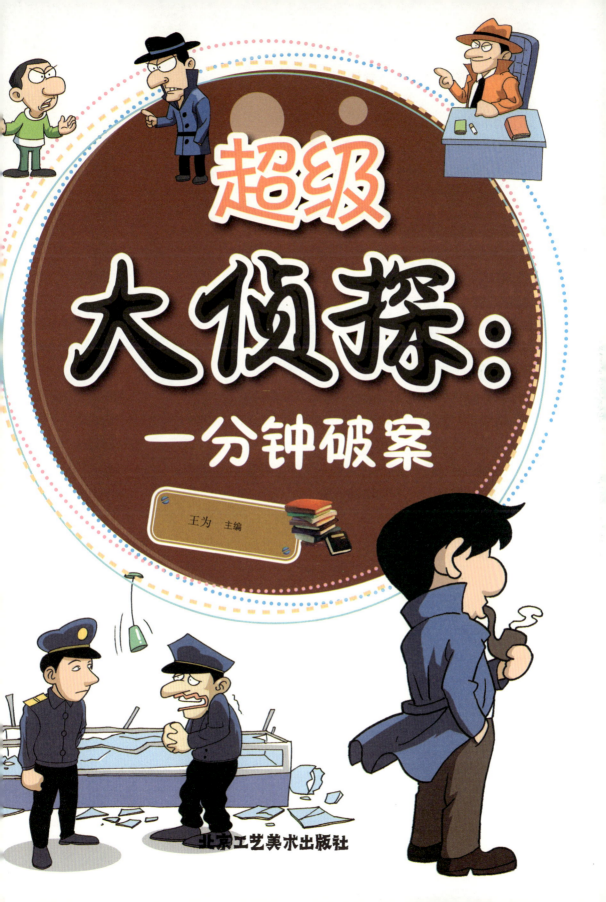

图书在版编目（CIP）数据

超级大侦探：一分钟破案/王为主编． — 北京：北京
工艺美术出版社，2018.6
ISBN 978-7-5140-1336-8

Ⅰ.①超… Ⅱ.①王… Ⅲ.①智力游戏－少儿读物
Ⅳ.①G898.2

中国版本图书馆CIP数据核字（2017）第174932号

出　版　人：陈高潮
责任编辑：张怀林
装帧设计：子　时
责任印制：宋朝晖

超级大侦探——一分钟破案

王　为　主编

出　　版	北京工艺美术出版社
发　　行	北京美联京工图书有限公司
地　　址	北京市朝阳区化工路甲18号
	中国北京出版创意产业基地先导区
邮　　编	100124
电　　话	(010) 84255105（总编室）
	(010) 64283627（编辑室）
	(010) 64280045（发　行）
传　　真	(010) 64280045/84255105
网　　址	www.gmcbs.cn
经　　销	全国新华书店
印　　刷	北京中振源印务有限公司
开　　本	720毫米×1020毫米　1/16
印　　张	21
版　　次	2018年6月第1版
印　　次	2018年6月第1次印刷
印　　数	1～5000
书　　号	ISBN 978-7-5140-1336-8
定　　价	56.00元

　　许多小朋友喜欢探险猎奇，想探究跌宕起伏的事件的真相，更有许多小朋友希望自己变成像福尔摩斯、柯南那样的探案高手。当面对扑朔迷离的案情，你能否在短时间内观察案发现场，分析人物心理，寻找作案证据，及时发现现场的蛛丝马迹，然后运用缜密的逻辑思维对案件的真相做出准确的判断呢?不要以为这些只有神探可以做到，若能加以学习和训练，养成细心观察的习惯，提高分析力、判断力和逻辑推理能力，你一样可以变成足智多谋的破案高手!

　　本书精选了200多个古今中外的经典案例，融知识性、趣味性于一体，让你过一把侦探瘾。打开它，就如同走进了一所神秘的大侦探学校。它首先综述破案的常识和技巧，然后以相应的破案故事来加以说明。在侦破每个案件时，为适合中小学生的阅读心理，按照一分钟阅读的编排，对每个破案故事的讲述简短而生动，并配以与故事相关的现场插图，生动形象，让你开动脑筋，充分发挥逆向思维、发散思维、创造思维等思维模式，通过分析推理巧破疑案、奇案、悬案。在讲述完案情后，会给你一个欲说还休的破案密钥，为你稍作提示，如果你还是不得要领，可以参见书后的详细答案，相信此时你一定会有恍然大悟、豁然开朗的感觉!

　　在破案的过程中，只要你胆大心细，就能从细微处发现不易被察觉的破绽;只要你注重逻辑推理，就能走出犯罪嫌疑人制造的神秘疑团;只要你灵活运用科学知识，就能破解凶手精心设计的作案手法。它会让你关注以前从未注意的方方面面，练就一副"火眼金睛"；带你厘清各种数理、空间、因果关系，逐渐成长为一个逻辑大师；让你经历很多脑筋急转弯，学会发散思维；带你见证围绕科学知识展开的正义和邪恶的种种较量，学到很多有用的东西。

所有的孩子都有一颗等待激发的智慧头脑，多读些侦探破案方面的书，除了能增长知识、开阔视野、锻炼逻辑思维能力外，还可以培养独立思考的习惯，遇事多动脑，摆脱对家长的过分依赖。在你把自己放在纷繁复杂的案情里不可自拔的时候，你的大脑已经接受了一次次终极挑战，你的IQ已经变成了一个时空芯片，在做着不间断的运行，然后得到许多的结论——线索重启了案情的发现之旅，时间计算出嫌疑人的可疑身影，证据开启了真相的大门。

追踪事发根源，分析犯罪动机，发现案件线索……一分钟破案，你能做到吗？在本书营造的身临其境的世界里，把自己当成一个无所不能的职业侦探，让你的大脑火力全开，像福尔摩斯一样尽享思维奔放的乐趣吧！探案就要开始了，你准备好了吗？

目录
CONTENTS

第三章　靠想象还原案发现场

第四章 科学是最可靠的证据

第五章　靠观察寻找蛛丝马迹

第六章 大侦探学校毕业考试

第 一 章

大侦探必备常识和技巧

One
minute
detection!

一 大侦探须知的五大破案常识

（一）用DNA破案

侦探们都知道，如果能有幸在现场找到嫌疑犯的血迹、唾液或身体的一小部分，这对破案来说，无疑将有十分重要的价值。因为身体是由细胞构成的，每个细胞都包含一种叫DNA（脱氧核糖核酸）的分子，DNA承载着人的成长过程以及独特相貌的遗传密码，它能帮助办案人员准确无误地锁定真凶。大侦探须知的五大破案常识之一——用DNA破案。世界上没有两个完全一样的DNA，即使是双胞胎，他们的DNA也不可能一模一样。DNA的独特性对破案起着至关重要的作用。

经典案例

真假公主

1920年，一位叫安娜·安德森的女士在德国宣布了一个重磅消息，自己是俄国沙皇尼古拉斯二世的亲生女儿——安娜塔西娅公主！

这个消息一经公布，举世皆惊——众所周知，沙皇尼古拉斯二世和他的妻子、小儿子及四个女儿都已经于两年前被处决了，所有的人都认为安娜塔西娅公主已经和她父亲一起死了！

有的人非常相信安娜·安德森的话。这是因为在俄国沙皇全家的墓地对外开放以后，人们没有发现安娜塔西娅公主的遗骸!

　　但是，安娜·安德森的话从来没有得到过有力的证实。直到1964年，安娜·安德森去世了，也把她身世的谜团一起带进了坟墓!

　　一转眼30年过去了，事实的真相终于大白于天下。

　　聪明的大侦探学校的新生们，你们知道这个真相是怎么揭开的吗?

案例分析

　　在安娜·安德森去世之前，曾经做过一次手术，她身体的部分组织被医院保留了下来! 1994年，有人用这部分身体组织的DNA与王室遗骸的DNA作了对比。结果，得出的结论震惊了世人：安娜·安德森的DNA与王室遗骸的DNA完全不相配! 她根本不是安娜塔西娅公主! 她只不过是个制造了大骗局的普通女人罢了! 据说，她的真实身份只是一位熟悉俄国王室情况的女仆!

我来当侦探

哪些东西能做DNA鉴定

　　基因存在于每个细胞核内的染色体上，只要是有核的细胞，就有DNA。个体身上所有细胞中所含有的DNA都一样。理论上说，取身体的任何一个细胞都可以作DNA鉴定。以下物品，哪些可提取DNA? 请画"√"。

毛发（　　）　　衣服（　　）　　皮肤（　　）　　组织碎屑（　　）

粪便（　　）

参考答案：毛发、皮肤、组织碎屑、粪便

（二）笔迹鉴定

你知道吗？在你成长的过程中，笔迹不是一成不变的，它将越来越成熟。当你长大以后，你的笔迹会大致保持不变，所以每个成年人都有自己独特的笔迹风格。大侦探须知的五大破案常识之二——笔迹鉴定。笔迹专家通过鉴定，能够确认犯罪现场留下的笔迹是属于哪个嫌疑人的，从而变被动为主动，赢得宝贵的时间，迅速找出嫌疑犯。这无疑对破案起着至关重要的作用。

经典案例

一宗绑架案

布朗先生的儿子被绑架了，布朗收到绑匪的一封信：

亲爱的布朗先生：

如果你想再见到自己的儿子，就给我300万美金。

布朗先生收到信后，马上报了案，警察杰瑞来到现场，仔细地观察着这封信。这封信是用左手写的，显然，聪明的绑匪不愿意让人知道他是谁。就在杰瑞一筹莫展的时候，他突然看到布朗先生家客厅的茶几上有一张便条，上面写着电话号码：89560033。

杰瑞拿着这个写着电话号码的纸条问布朗先生："这是谁写的？"

布朗先生说："是我的司机写

的。那天我在接电话，他当时在客厅里等我，我一时手上没空，就让他帮我记下这个电话号码。难道这个电话号码有什么问题吗？"

杰瑞没有回答，若有所思地拿着这张纸条走了。过了一会儿，布朗先生接到杰瑞的电话："我已经确认绑匪就是你的司机，现在我们正在查找他的下落，估计一会儿你就能见到儿子了。"

后来，警方迅速破案，果然是布朗先生的司机绑架了布朗先生的儿子！幸好杰瑞发现得早，布朗先生的儿子并没有受伤。

事后，布朗先生疑惑地问杰瑞："你怎么知道是我的司机做的呢？"

聪明的大侦探学校的新生们，你们知道杰瑞是怎么知道的吗？

案例分析

绑匪在写赎金数额的时候，肯定会伪装自己的笔迹，让人看不出来这是他写的，因为他不想透露自己的真实身份。在比较绑匪字条上的笔迹和嫌疑人真正的笔迹时，那些笔迹专家会找出两种笔迹的相同之处。

笔迹专家看了那个写着电话号码的字条后，又跟绑匪的信对比，就发现了相同处，从而迅速锁定犯罪嫌疑人。

大侦探答疑

如何识别伪造的笔迹

笔迹专家在分析笔迹异同的时候，主要考察的是字的倾斜度、长度，笔画或字的间架结构以及每一个笔画起笔和收笔的位置，等等。真实的笔迹中的每一个笔画都是连贯的、光滑的，伪装的笔迹的笔画显得呆板、笨拙。

（三）指纹档案

你是否知道，不论犯罪分子如何精心地去策划犯罪过程，都会有一个他们不可否认的事实，那就是，他们在离开现场之前一定会意外地留下破绽！比如指纹。大侦探须知的五大破案常识之三——指纹档案。世界上几乎每个人的指纹都是不一样的，经验丰富的警察通常都会根据犯罪分子在作案现场留下的指纹来快速、准确地寻找真凶。

经典案例

醉鼠酒吧夜盗案

我是个喜欢软饮料的女孩，当接到电话说醉鼠酒吧发生入室盗窃案时，我马上放下软饮料，接手了这个案子。

酒吧主人说："昨夜，我和平时一样，把大门锁上，打扫完店铺，然后就

上楼睡觉了。但是，今天早晨，我下楼后发现，放在抽屉里的现金全都不见了。"

有个路过的女人说："我清楚地看到两名男子在午夜时分离开酒吧，他们还扛着一些沉东西。"不过，目击者的话往往不能轻易相信。以前，有个受害者曾经亲口对我说凶手拿个巨大的柠檬打了她，可破案后才弄清，

她其实是被大橙子砸了一下子。现在，我需要更多的目击证人。

我弄来了可口可乐和甜酒，但还是滴酒未沾。我知道寻找指纹对破案极为重要，但是经过一番检查，我发现犯罪分子是戴着橡胶手套作案的，他们无意间丢在地上的一只橡胶手套便是证据。所以在桌子上、抽屉里、玻璃杯上、金属拉手上我都没发现指纹，真是大伤脑筋啊！至于屋子里的砖墙、石雕根本不需要检查，因为这些东西上是留不下指纹的。正当我愁眉不展时，我忽然意识到自己疏忽了一个大线索，于是我很快找到了指纹。

聪明的大侦探学校的新生们，你们知道我是在哪里找到指纹的吗？

案例分析

很多物品都没留下犯罪分子的指纹，因为犯罪分子是戴着橡胶手套作案的。

不过犯罪分子百密一疏，匆忙离开时，无意间将橡胶手套丢在了地板上，而橡胶手套里面是会留下指纹的！

大侦探答疑

指纹都有哪些形状

能留下指纹的物品包括纸、油漆漆过的物体、木头、植物、玻璃以及大多数金属。可是，指纹都有哪些形状呢？

指纹一般分为三种常见的类型：环形、弓形、螺纹形。

环形包括平整环形、集中环形、俯垂环形；弓形包括平整弓形、帐篷弓形；螺纹形包括盘旋螺纹形、双生螺纹形、侧口袋螺纹形、混合螺纹形、突变螺纹形。

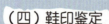

（四）鞋印鉴定

你肯定不知道，指纹并不是犯罪分子留在现场的唯一证据，鞋印也可以帮助警察破案。大侦探须知的五大破案常识之四——鞋印鉴定。鞋印可以显示穿鞋人的许多特征，包括他穿的是哪种鞋，脚有多大，穿着这双鞋去过哪里等。而且每个人的走路力量不同，每双鞋的磨损程度也绝对不相同。这些都可以成为识别嫌疑人的重要证据。

经典案例

沙滩杀人案

在一个旭日初升的清晨，警察杰瑞刚一上班，就接到报案，有人打来电话说，他在郊外的沙滩上发现一具尸体！

死者是女性，她的脸部朝向沙滩，旁边有一个包，包里面的东西被翻出来乱放在沙滩上，有化妆品、钱包、首饰配件等物品，在她的头部旁边还有一块沾着血的石头。杰瑞仔细观察，发现沙滩上有两排脚印。一排是高跟鞋留下的印记，应该是死者留下的，另一排的脚印看不清楚，但是能看出是一

位男性留下的，因为脚印比较宽，跟男性的脚掌形状基本吻合。

就在杰瑞看着这些脚印一脸迷茫的时候，著名侦探哈里来到现场，他仔细察看了鞋印后，发现男子一只脚留下的鞋印很深，另一只脚留下的则很浅。于是，他告诉杰瑞，可以大概锁定嫌疑犯了。

杰瑞根据哈里的提示很快找到了嫌疑犯波比。原来女死者叫安娜，她跟波比曾经是一对情侣，安娜想分手，在两个人争执的过程中，波比失手杀死了安娜。

聪明的大侦探学校的新生们，你们知道侦探哈里是如何从鞋印中找到线索的吗？

案例分析

仔细观察沙滩上的两排鞋印，提示你一下，仔细想想，正常人走路时脚是怎样着地的，受伤后走路脚又是怎样着地的。

沙滩上的两排鞋印，一排是高跟鞋的鞋印，另一排的鞋印一只脚印下的印记非常深，而另一只脚只有浅浅的鞋印，可见这个人受了伤，或者一只脚有残疾，所以他只能把全身的重量压在一只脚上，靠一只脚的力量走路。有了这个认识后，侦探哈里很快地找到了嫌疑犯。

大侦探答疑

鞋印在破案时扮演什么角色

鞋印的作用非常重要，因为犯罪嫌疑人能留下鞋印的地方非常多，如血迹、泥土、尿液和尘土上。鞋印还能留在各种类型的纤维制品上，比如棉花，斜纹粗棉布，有图案的、深色的材料等上面，但这些材料能让它们更难辨认。因为这些印记肉眼虽然看不见，却是犯罪分子遗留在犯罪现场的重要证据，尤其当其他证据如指纹和DNA无法被复原的时候，鞋印就更成为破案的重要证据。因为这些印记可以透露出犯罪分子在作案时所穿的鞋子型号甚至品牌。

（五）犯罪动机

俗话说："无风不起浪。"一般来说，犯罪分子犯罪的原因是多种多样的。有一些人仅作过一次案，还有一些人则一次又一次地重复类似的犯罪行为。重复同一种犯罪行为的人叫惯犯，最危险的惯犯是连环杀手。大侦探须知的五大破案常识之五——犯罪动机。一些受命抓捕危险惯犯的侦探，有时候会要求精神病学家和心理学家分析一下犯罪嫌疑人的性格，以便找出他们的犯罪动机，快速破案。

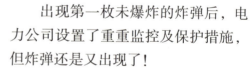

疯狂的爆炸案制造者

K市电力公司的一个大楼里发现了一枚未爆炸的炸弹！

在不到一年的时间里，这个公司大楼附近又发现一枚未爆炸的炸弹！

第一枚炸弹上有一张字迹工整的字条："电力公司的臭小子们，这个东西是送给你们的。"

出现第一枚未爆炸的炸弹后，电力公司设置了重重监控及保护措施，但炸弹还是又出现了！

可见，犯罪分子要么是电力公司内部的人，要么就是对电力公司了如指掌的人。另外，犯罪分子多次写信，且字迹工整，可见此人行事利落，并且对电力公司充满仇恨。

不久，警察们接到了这个放置炸

弹者写来的一封字迹工整的信，说会很快依法惩处电力公司，他们要为所做的事情付出代价。

不久，电力公司果然发生了爆炸事件。

警察根本不知道嫌疑犯是谁，只能通过这几封信来断案。最后，一筹莫展的警察找到精神病学家，让他们从专业角度分析一下嫌疑犯的犯罪动机，好缩小查找范围。

专家说犯罪分子是公司内部的人。于是警察调查了所有员工，确定嫌疑人是一个54岁的利索男子，他患有偏执症。

聪明的大侦探学校的新生们，你们知道专家的依据是什么吗？为什么这个男子有嫌疑呢？

公司中那个干净利索、患有偏执症的男子之所以被锁定为嫌疑人，是因为他心爱的小外孙一年前因触电不幸身亡了。小外孙去世后，他内心的伤痛无法得到平复，渐渐地，他就将自己的仇恨发泄到电力公司的身上了。于是，为外孙报仇，成了他最大的犯罪动机。

我来当侦探

小王的犯罪动机是什么

所谓犯罪动机就是指刺激、促使犯罪人实施犯罪行为的内心起因或思想活动，它回答犯罪人基于何种心理原因实施犯罪行为。所以动机的作用是发动犯罪行为，说明实施犯罪行为对行为人的心理愿望具有什么意义。

食堂员工小王被列为食堂投毒案的嫌疑人，请判断他的犯罪动机。（　　）

A.恐惧动机——因为偷奸耍滑面临辞退。

B.报复动机——因为薪金待遇不满而心生怨恨。

C.自尊动机——因为胃口大经常遭到同事的嘲笑，感觉自尊心很受伤。

参考答案：ABC

二 大侦探必备的五大破案技巧

（一）靠观察寻找蛛丝马迹

一名出色的侦探，只有善于寻找蛛丝马迹，才能更好地破案。那么，如何才能做到有效观察呢？

这就需要培养超常的洞察力，洞察力指的是深入地观察、分析、判断事物的能力。探案要求大侦探能从各种复杂的现象中抓住关键的东西，洞悉核心问题。大侦探必备的五大破案技巧之———靠观察寻找蛛丝马迹。只有具备敏锐的洞察力，才能做一名魅力无限的大侦探！

经典案例

作画的女子

初夏的夜晚，私家侦探团五郎前去办案，他即将造访的对象是电视女演员美保子，她住在高级大厦的顶楼。见面后，两人一番寒暄后，进入正题——有关美保子不在场证据的询问。团五郎问：

"昨天下午3点左右，你在哪里？"

"在楼顶写生。就是这幅画。"

美保子看着画架上的油画说道。这是一幅从屋顶眺望超高层饭店时动笔作的油画，笔法颇为熟练。

"我因车祸住院3个月，前天才出院。为了排遣郁闷，昨天开始写生，顺便做做日光浴。"美保子态度轻松地说。

"的确，您的脸部呈现出了健康的日晒痕迹。对了，现在几点？我忘了戴表。"

团五郎漫不经心地问道。

"6点30分！"

美保子看着左手腕上的手表回答。她的左手指犹如白鱼般雪白，粉红色的指甲油很漂亮。

她注意到团五郎锐利的视线落在了自己的手上。

"我的手怎么啦？"她不安地问道。

"我从没见过这么美的手。你是惯用右手的吧？"

"是啊，怎么了？"

"做了两天日光浴，在屋顶写生，左手没有一点日晒的痕迹，真不可思议。"

"我习惯用左手拿颜料盘，所以没被晒到。"

美保子如此解释。

突然，她注意到自己的谎言露出了马脚，慌张地闭上了嘴巴。

聪明的大侦探学校的新生们，你们知道美保子为什么这样慌张吗？

大侦探三步断案

第1步 在太阳底下作画，手应该被晒黑。美保子的左手，五根手指头都非常白，所以引起了团五郎的怀疑。

第2步 美保子解释说因为左手拿颜料盘，所以这只手太阳晒不到。

第3步 然而，大拇指露在颜料盘上面的小孔外，应该晒得到太阳，应留有日晒痕迹，所以美保子在撒谎。

（二）用分析确定元凶

什么是分析综合能力？

分析综合能力是指人们对多方面信息的评估、整合和检测能力。大侦探必备的五大破案技巧之二——用分析确定元凶。侦探们在侦查案件的时候，往往会得到各方面的多种信息，这时候就需要运用分析综合能力去评估那些信息的价值到底有多大，以便采取进一步的行动。另外，在案件快要结束的时候，也需要靠分析综合能力去理清复杂的案情。

经典案例

伯顿夫人家的谋杀案

"丁零零！丁零零……"

电话铃声一连响了4次，侦探康纳德·史留斯才意识到自己不是在做梦。

他睁开眼，看了看钟，时间已是凌晨3点30分。"哈喽！"他拿起话筒说道。"你是史留斯先生吗？"一个女人问道。"正是。""我叫艾丽斯·伯顿。请赶快来一趟，有人杀害了我的丈夫。"史留斯立即清醒了，他急忙记下了她的住址，把电话挂上。侦探就是这样，经常在半夜时分出去办案！虽然每次他都宁愿相信钟表出了问题，但事实表明，的确经常在半夜发生案件！

披星戴月出去办案，这简直成了康纳德·史留斯的家常便饭！

外面寒风刺骨，简直要冻死人！史留斯打开门后，猛地缩回了头，他决定先给自己穿暖和了再出门。于是，他出门多穿了一件衣服，自然就比平日多花费了一点时间。

他听到门外大风呼呼的声音，于是，他又在脖子上围了两条围巾。40分钟以后，他赶到了伯顿夫人的家。伯顿夫人正在门房里等着他。史留斯一到，她就开了门。在这暖和的房子里，史留斯只好恋恋不舍地摘下了围巾、手套、帽子，脱下了外套。伯顿夫人穿着睡衣、拖鞋，连头发也没梳。

"我丈夫在楼上。"她说。

"出了什么事？"史留斯问。"我和丈夫是在夜里11点45分睡的。也不知怎的，我在3点25分就醒了，这是很少见的情形，要知道，我的睡眠一向很好。忽然，我听到身边的丈夫没有一点声息，这才发觉他已经死了！他是被人杀死的！"她说。

"那你后来干了什么？"史留斯问。

"我便下楼来给你打电话。那时我还看见那扇窗户大开着。"她用手指了指那扇还开着的窗户。猛烈的寒风直往里灌，史留斯走过去，关上了窗户。

"你在撒谎，让警察来吧！"史留斯说道，"在他们到达这里之前，你或许乐意把真相告诉我吧？"

伯顿夫人闻听此言，两腿一软，倒了下去，她被吓晕了！

聪明的大侦探学校的新生们，你们知道史留斯为什么要这样说吗？他的根据是什么？

 大侦探三步断案

第1步 史留斯一进伯顿夫人的家，觉得很暖和，于是脱下外套，摘掉帽子、手套和围巾。而那天室外其实很冷，寒风呼啸。

第2步 如果按伯顿夫人的说法，这窗户打开至少已有45分钟，那么房间里的温度应该是很低的。

第3步 而现在室内温度很高，这足以说明那扇窗户刚打开不久。所以，史留斯先生不相信伯顿夫人的话。

（三）用推理判断查明真相

如何学会正确推理和准确判断？

推理，准确地说，就是从一个或几个已知条件推导出某一个结论的过程。而判断是推理过程中必不可少的能力，它在关键时候起着至关重要的作用。大侦探必备的五大破案技巧之三——用推理判断查明真相。真相，就藏在正确的推理和准确的判断之中，快快开动脑筋，让推理判断能力成为你必备的、最重要的能力吧！

经典案例

伪造的**录音**

接到报案，侦探山姆先生和他的助手苏席中尉立即赶到赫里曼公寓8楼305室。

山姆先生一进门，一眼就望见琼斯先生伏在桌上。琼斯的头被人打了一枪，血流了一大摊。山姆和苏席把房间寻遍了，也没有发现任何蛛丝马迹。

书桌上，有一台录音机。山姆伸出右手猛地按下了放音键。怪了，录音机放出了"琼斯"的说话声："我是琼斯。史密斯刚才来电话，说他要到这里来杀我，我并不准备躲避。如果他的恐吓付诸实践，我将在10分钟之内死去。这段录音将告诉警察杀死我的是谁，我现在已经听到他在走廊里的脚步声了，他开门了，啊！"

这时，录音机里传出开门声、枪声，还有惨叫声、逃跑的脚步声……

这时，苏席惊叫一声，从沙发上一跃而起，说："山姆先生，我们要不要马上去抓史密斯？""不！"山姆望着苏席说，"我想，这只是个善于模仿琼斯说话声音的人杀死了琼斯，然后伪造了这个录音，陷害史密斯。"

苏席呆了："您根据什么得出这个结论？"

聪明的大侦探学校的新生们，你们知道山姆是根据什么得出这个结论的吗？

 大侦探三步断案

第1步 如果这个录音是真的，那么山姆按下放音键时，放的应该是这段录音的结尾。

第2步 没错。而他们听到的是琼斯从头到尾的讲话，这说明里面的磁带早已被人倒过了。

第3步 事实正是如此！难道死人会来倒带吗？因此可以断定凶手就是那个倒带人，他想陷害史密斯，才制造了这段假录音。

（四）靠想象复原现场

想象力为何物？

想象力是在你头脑中创造一个念头或思想画面的能力。大侦探必备的五大破案技巧之四——靠想象复原现场。在探案的过程中，侦探们往往要根据罪犯留下的线索进行各方面的想象，如假设凶手的身份、设想作案的动机等等。最后，再通过自己的调查去印证。没错，要想成为一名出色的侦探，超常的想象力是你必须千锤百炼的重要能力！

经典案例

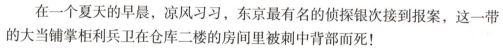

发生在仓库二楼房间里的**谋杀案**

在一个夏天的早晨，凉风习习，东京最有名的侦探银次接到报案，这一带的大当铺掌柜利兵卫在仓库二楼的房间里被刺中背部而死！

凶杀现场的情况是：仓库的窗子开着，一楼堆满抵押品，发出一股霉味。银次上楼后，看见二楼有一半的地方也堆着抵押品，房间开有一米见方的窗子。窗子开着，朝阳的光线射进来，房间里非常明亮，窗外安着铁栅栏。

利兵卫倒在窗前，浴衣的背后被血染透。银次检查了伤口，断定利兵卫好像被细矛之类的东西所刺，从背后直接刺中心脏。

利兵卫大约在昨晚8点到10点之间被杀，但现场没有发现任何凶器。

窗户对面的墙上印着血痕，很像是沾满鲜血的指尖留在上面的。银次看了看死者的双手都没有血。房间里充满蚊香味，东西都很齐整。

银次从窗户的铁格子看了看外面，下面是道深沟，深沟对岸是防火空地，那里竖着一座火警望楼。

银次经调查发现，现场没有什么东西被盗，箱子里的钱分文未动，利兵卫一向非常注意锁仓库门，而且别人手里不可能有钥匙。

利兵卫的家人提供信息说："菊松曾经欠死者一大笔钱。"所以，银次很快将菊松列为重点怀疑对象。菊松擅长射箭打猎，一贯游手好闲。银次推测，菊松那家伙如果是凶手，那么，他进入了仓库，杀了人后，逃走时一定会顺手盗走值钱的物品。可是，仓库里没有任何值钱的东西丢失！

那么，菊松到底是不是凶手？

银次看着装有铁栅栏的窗户，他明白了。利用那个窗户，人虽然钻不进来，不能进仓库，但照样能杀人。因为嫌疑人是一位射箭高手。但是，其他人感到奇怪：如果用箭射，死者的尸体上应插着箭呀。再说，房间的墙上，还有凶手带血的手印……

但是，菊松再次被银次确定为凶手，因为他擅长射箭。

最后，事实证明，银次的推断完全正确。

聪明的大侦探学校的新生们，你们知道凶手用什么手段杀死了利兵卫吗？

 大侦探三步断案

第1步 　菊松从火警望楼瞄准仓库二楼的目标，用弓箭将利兵卫射中。在那支箭上，带着长长的细绳，射在利兵卫背上的箭，被菊松用绳一拉，就可以收回。显然，菊松为了拔箭方便，将箭头削去了。

第2步 　墙上的血手印，是在箭的前端，由菊松装上指形般的模型，用箭射上去的。命中墙壁后，菊松同样用细绳将模型收回。

第3步 　这样，室内墙上有血手印，会使人误认为凶手是进入仓库杀的人。善使弓箭的菊松从仓库的铁栅栏的缝隙中瞄准目标，可以说是易如反掌。

（五）用科学知识帮自己破案

一名出色的侦探，不仅要具备聪明的头脑，还要具备渊博的知识。大侦探必备的五大破案技巧之五——用科学知识帮自己破案。在侦查案件的时候，往往要提取和分析很多的现场证据，这就需要相应的知识作为支撑。一般来说，做侦探的人必须要精通数学、逻辑学、心理学等，另外，还要懂得其他自然科学和社会科学知识。不仅如此，还要善于积累一些生活常识和经验，并善于分析生活中的一些常见现象。所以，探案过程往往也是考验探案专家对知识的应用的过程。

经典案例

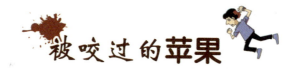

被咬过的苹果

威廉探长接到一位科研所所长的报案，说："我刚接到一个恐吓电话，要我把一份绝密文件交出来，否则就要我的老命！"

他继续说："没有办法，我只好请探长晚上7点到我家，再详细谈谈情况！"

晚上7点，探长准时赶到所长家里，他按了门铃，却不见回音！

他想：所长难道已经遇害了？

他见房间里灯亮着，无意之中拧了一下门把手，发现门竟是开着的！

探长冲进屋里一看，只见所长昏倒在沙发下面，旁边扔着一块散发着麻醉药味的手帕。

这时，只见所长慢慢地睁开了朦胧的双眼，本能地摸了摸自己的衣服口袋，失声叫了起来："完了，那份绝密文件被人抢走了。"

探长一听，忙问："是什么人？什么时候？"

所长看了看手表说："大概30分钟前，有人敲门，我一开门，便被两个男人用枪顶了回来，开口就向我要这份绝密文件。我佯装不知，他们立即用手帕捂住我的嘴和鼻子，后来，我就什么也不知道了。"

果然，所长咬过一半的苹果已经滚到电视机下面，而电视机电源已断了！

探长从电视机下面捡起了那个苹果，瞧了一眼，说："所长，恐怕是你自己将绝密文件卖给他们的吧？"

所长一听，大吃一惊，说：

"我？岂有此理！"

"你别演戏了，出卖这份绝密文件的就是你自己！"

探长看了所长一眼，把手中的苹果扔在他面前。

然后，探长又说了一番话。

所长听了，一看那个苹果，脸色变得灰白。最后，他只好无可奈何地把藏在冰箱里的大包美金交了出来。

无疑，这一大包美金就是所长出卖绝密文件得到的。

原来，这位所长出卖绝密文件后又想逃脱罪名，就想出了这么一出苦肉计。

聪明的大侦探学校的新生们，你们知道探长是怎样识破所长的谎言的吗？

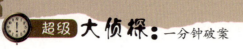

 大侦探三步断案

第1步 在苹果表皮的细胞里含有一种氧化醇素。平时，它被细胞膜严密地包裹着，不与空气接触。一旦细胞膜破了，氧化醇素就与空气中的氧发生化学作用，结果导致苹果变色。

第2步 当探长从电视机下面捡起苹果时，探长发现所长咬过的苹果还没有变色。这引起了探长的注意。

第3步 如果真像所长所说，他30分钟前被人麻醉昏倒的话，那么苹果的颜色应该会变。于是，探长就问他："这个苹果是你刚刚咬过的吧？都过了30分钟了，为什么没变色呢？"结果，所长才发现苹果真的没变色，只好承认是自己伪造了犯罪现场。

第二章

真相就等你 来揭开

One
minute
detection!

吃鱼的家鹅

难度指数：★★★☆☆

一天晚上，江南某乡政府的财会科被盗了。第二天早晨，警察局接到报案后，火速赶往现场。

经过紧张的现场调查、询问证人等一系列程序后，警察将目光集中在了住在附近的一个名叫李大海的农民身上。

老刑警王伟便来到了李大海家。

敲开门后，王伟开门见山地问道："昨天晚上发生的事，你知道吗？"

"知道知道，听说是乡政府被盗了。可这和我有什么关系呢？"李大海一会儿侃侃而谈，一会儿又怯怯地问。

"你能为我们提供一些破案线索吗？"

"这，我昨晚一直都待在家里，没有出去，不能为你们提供更多的线索呀！"李大海神情忽然有些异样地说道。

"你昨晚在家干什么了？"王伟又追问道。

"哦，我钓了一些小鱼，昨晚正喂家里的白鹅呢。"

"我看，你就是盗窃犯或者盗窃犯的同伙！"王伟愤怒地打断了李大海的话。

李大海在撒谎，王伟是如何知道的呢？

破案密钥 如果鹅不吃小鱼，那么……

祝枝山捉贼

难度指数：★★★★☆

祝枝山是明代著名的四大才子之一，他有一颗价值连城的夜明珠。

一天黄昏，他的夜明珠被盗了，而他认为能入室盗取夜明珠的不可能是外人。于是，他把全体仆人都叫到了祠堂。

祠堂里黑洞洞的，隐约可见供桌前面的凳子上有一个钵子，钵子上涂了一层黑灰，不仔细看根本不会发现这个细节。

祝枝山说："大家知道我有一颗夜明珠，却不知道我还有一个护宝的法器——察心钵。没有做亏心事的人摸了它，会觉得沁凉润指；做了亏心事的人摸了它，会立即被它黏住，并且大叫起来。"

他叫大家依次走过去摸这个钵，可直到最后一个人摸过了，也没有人叫出声来。

祝枝山吩咐下人把灯烛点亮后，略一巡视，发现几乎人人手上都有黑色的灰，唯独一人手上干干净净的。祝枝山指着那人厉声喝道："你就是贼！"于是命人把那人抓了起来。

经审问，果然是那人偷走了夜明珠。

祝枝山是根据什么做出判断的呢？

破案密钥　逐一排查

慧眼辨茄子

难度指数：★★★★☆

在村东口的一片菜地前，有两个人在吵架，旁边围了很多看热闹的人。

"这茄子是你从我家地里偷的，别狡辩了。"一个男人冲着一名妇女喊道。

"你诬赖好人，茄子是我从自家地里摘回来的。我只不过从你家地前路过而已。"妇女据理力争，一点也不含糊。

"你们别吵了，我能分辨出这茄子是谁家的。"站出来说话的是年轻的村官小蔡。

村里的人都等着看热闹，想知道这新来的大学生村官到底会不会辨是非。

"你把茄子按大的、中的、小而未成熟的分成3堆，数数每堆有多少个。"小蔡对那名妇女说。

妇女听后，很快把茄子按照要求分成3份，并说："大的30个，中等的40个，小而未成熟的20个。"

小蔡嘴角一扬，然后态度急转直下，严厉地对那名妇女说："这茄子是你从人家地里偷来的。老实交代吧！"那妇女红着脸，不敢再辩。

村干部小蔡是凭什么判断出茄子是那妇女偷的呢？

破案密钥　偷茄子、生茄子

被揭发的罪行

难度指数：★★★★☆

从东南亚回国的洋一，一下飞机就立即回到住处，倒在床上休息。

他的女朋友久美子来看望他。

"怎么了？你看起来无精打采的。"

"出国旅行太累了。"实际上，他染上了霍乱。

"是不是在那里花天酒地了呀？"

"别开玩笑了！对了！你看这个。"

洋一从行李箱中拿出太妃糖。

"这颗太妃糖内藏了一颗钻石。我把太妃糖挖了个洞，然后把钻石嵌在里面。共有六颗钻石，值五千万！"

"哇！五千万！你真棒！可是，海关检查的人没有发现吗？"

"怎么会发现？他们觉得这只不过是几颗糖果而已，所以连检查都没检查！"

"可是，你怎么取出钻石呢？"

"这个好简单！放入口中，等糖溶化之后，钻石就出现了。哈哈！包钻石的太妃糖一定很好吃！"

洋一十分自豪地说道。

久美子听完之后，不由得起了贪心，想将价值五千万的钻石据为己有。她设法让洋一喝下毒咖啡之后，带着太妃糖逃走了。当然，她非常狡猾，对于可能被查出并当成证据的指纹，一处也没留下。

洋一的尸体第二天就被发现了。三天之后……

当时，她正在医院接受检查。正在等待结果时，救护车来了，将她护送到了某个场所。久美子被捕了！

"我们以毒杀小林洋一的罪名逮捕你。"刑警成竹在胸地说道。

"您有什么证据说我是凶手？"

久美子胆战心惊地问道。

"这就是证据。"

刑警将医师诊断报告拿给久美子看。

她一看，大吃一惊。你知道为什么吗？

医师诊断报告和此案有何关系？你能做出合理的推断吗？

破案密钥　霍乱、医师诊断报告

侦探小说掠影

谈到透明人，自然是英国作家威尔斯在1897年发表的《隐形人》最具盛名了。

书中主角发明了使人体变透明的新药，利用这种技巧，他掌握财富与权力，干尽种种坏事，令善良的百姓非常苦恼。最后他被大众追缉而死。威尔斯生动自然地描写人类透明之愿望，思维奇特，写出了被疏远的人类的孤独。只不过，这本小说里的隐形人是连眼睛也透明的。关于这一点，物理学学者之中有名的随笔作家寺田寅彦作了以下的批评："如果连眼睛的视网膜也透明，光就不能被吸收。不能被吸收的光，其能量无法造成任何效果。换言之，'看不见的人'其本身必定全盲。"这部小说是写于百年之前的古典名作，也许作者本身对光的科学理解还远远不够吧！

红宝石被盗案

难度指数：★★★☆☆

有一天晚上，在斯里兰卡旧都的一家饭店，从Z国前来观光的3位年轻女性A、B、C坐在一楼的咖啡厅聊天。

"这里的红宝石真的好便宜！我买了两颗。" A说着，从皮包内拿出两颗红宝石，放在桌上，差不多都是4克拉左右。

"哇！颜色好美啊！但光是宝石，可没法戴！" B和C边说边伸出手，拿着红宝石在手上比来比去。

就在这一瞬间，突然停电了，店内一片漆黑。但不到一分钟便又恢复了明亮。"啊！我的红宝石呢？" A叫了起来。

放在桌上的两颗红宝石都不见了。一定是在停电时被偷走的。但店内除了这3位女性，没有其他客人，也未曾有服务生接近桌子。

当然，B和C最可疑了。

两人为了证明自己的清白，便请A搜身。

此外，3个人也在桌子四周仔细寻找，却都没发现红宝石。

红宝石也没藏在三人用过的咖啡杯、砂糖罐中。桌上只有一盆观赏植物，再没有其他的东西。

"奇怪！红宝石跑到哪儿去了？"

A疑惑不定地与B、C回房。

十几分钟之后，B一个人返回咖啡厅，在刚刚喝咖啡的桌上找东西，不一会儿便离去了。事实上，她是来拿那两颗宝石的。

B到底将红宝石藏在哪里了？

破案密钥 一盆观赏植物

探险家之死

难度指数：★★★★☆

撒哈拉沙漠东起红海，西至大西洋，是位于非洲大陆北部的大沙漠。

驾车穿越沙漠的探险家遭遇狂沙袭击，跌倒在地。

车上的无线通话机出现了故障，无法修好。

不料，此时他又跌了一跤，导致骨折，举步维艰。

在沙漠中已经露宿了好几天，食物和水眼看就要没有了。

附近的沙丘上有一座T字形的生锈铁棒架子立在那里。

他拉下长裤腰带当吊环，在此上吊自杀。

这座铁架子是30多年前，油田勘探队撤退之后留下来的，钢铁制的圆管直径约5厘米。

这位男子死亡10天之后，他的尸体才被发现。

这时，垂吊在铁管上的尸体，双脚离沙地约4米。

探险家脚部骨折，是如何爬上约6米高的铁管上吊自杀的？

破案密钥 如果风一直吹沙，那么……

雨夜的报案

难度指数：★★★☆☆

在一个风雨交加的深夜，小镇上的人家都熄了灯入睡了。这时候，警察局里却灯火通明，高斯警长和几个警员正守候在电话机旁值班。因为根据他们的办案经验，越是这样的天气，越是容易发生案子。

果然，电话铃响了。对方是一个男子，他好像受到了很大的惊吓，颤抖着说："警察局吗？不……不好了，我在……小镇的河边，发……发现了一具尸体……"高斯警长马上带上一个警员，驾车往河边飞驰而去。

在车灯的映照下，高斯警长远远看见河边有一个人，他们下了车，打着手电筒，来到小河边。这时，他们看清了那个人，他个头很高，但很瘦，身上从头发到衣裤全都是水淋淋的。他脸色苍白，神情很紧张。高斯警长拍拍他的肩头，让他先稳定一下情绪，自己蹲下来查看尸体。过了一会儿，瘦高个儿不那么紧张了，说："刚才我在河边走，忽然脚下一滑，跌进了河里，幸好我会游泳。游到岸边的时候，被什么东西绊了一下，我仔细一看，竟然是一具男尸！"一个警员问："天这么暗，你能看清是男尸吗？"瘦高个儿说："幸好我口袋里带着火柴，我划亮了火柴一看，他的脖子上有两道刀伤，浑身都是血，已经死了，我就赶紧报案了。"高斯警长指着报案人果断地说："他就是嫌疑犯，把他铐上，带回警局。"

为什么高斯警长会怀疑报案人就是凶手呢？

破案密钥 如果能划亮火柴，那么……

金牌被盗案

难度指数：★★★☆☆

一天中午，本市的一个体育明星向警察局报案，说他家里上午被盗了。警察马上赶到了现场。

进屋之后，只见房间的地上到处都是玻璃碎片，屋子里的东西被翻得乱七八糟，就连柜子上的玻璃门也被盗贼打得粉碎，散落在地板上，看来一定丢失了很多东西。

"你丢失了什么东西？"警察问。

"只是被偷走了一枚国际比赛得的金牌，其他的什么也没丢，只是不知道小偷为什么把玻璃打碎，散落得满地都是。"

警察也很奇怪，柜子也没上锁，小偷为什么要把柜子上的玻璃门打碎呢？警察蹲在地上，看是否有什么蛛丝马迹，结果没有任何发现。

正在这时，巡逻警察抓到了三个可疑的人，带给这位警察审问。

当警察发现其中一个人近视得很厉害，但他却没有戴眼镜时，警察突然明白了地上为什么到处都是玻璃碎片了，这个人就是小偷。

你能依据玻璃碎片做出适当的推理吗？

破案密钥 玻璃眼镜片、玻璃门

巧妙开灯

难度指数：★★★☆☆

　　"史蒂芬叔叔，今晚下班来我家吃饭怎么样？丽娜为你做了好多你喜欢吃的菜。"诺斯在电话里和史蒂芬说。

　　诺斯是史蒂芬的侄儿，丽娜是诺斯的老婆，他们夫妻二人一直对史蒂芬很好。史蒂芬爽快地答应了。下班后，史蒂芬乘车来到了诺斯的家，刚下车就看见诺斯也正好开车回来。可奇怪的是诺斯家里一片漆黑，史蒂芬等诺斯把车停好后，一起朝房门走去。

　　诺斯并没有因为家里熄灯而感到有什么异常。他打开房门说："叔叔，你先等一下，我进去把客厅的灯打开。"

　　诺斯家门口的电灯开关坏了，所以想开灯只能到对面去。诺斯从客厅中央穿过，把灯打开之后，房间里顿时明亮如昼，而此时叔侄二人也看见了躺在客厅中央的丽娜的尸体。

　　诺斯看见自己的妻子躺在地上，顿时露出惊慌的表情，大喊："丽娜！怎么会这样！是谁干的？"

　　从事多年刑警工作的史蒂芬看着眼前的一切摇了摇头，悲痛地对诺斯说："凶手不就在眼前吗？"

　　你知道史蒂芬所说的凶手到底是谁吗？

破案密钥　如果诺斯是凶手，就会……

船长识贼

难度指数： ★ ★ ★ ☆ ☆

Y国货船"伊丽莎白"号首次远航B国。清晨，货船进入B国领海。当船长大卫刚起床正准备去布置航行任务时，一名乘客慌张地跑过来说，在205号房间的房客失踪了。只留了一张字条，上面的字都是用左手写的："请船长带500万现金来赎。"

船在海上航行，如果这位乘客被绑架了，一定还在船上。那么，到底是谁干的呢？船长立即把当时正在值班的大副、水手、旗手和厨师找来盘问，然而这几名船员都说没看到有可疑人员经过。

各人都声称自己当时不在现场。

大副："我因为摔坏了眼镜，回到房间里去换了一副，当时我肯定在自己的房间里。"

水手："当时我正忙着打捞救生圈。"

旗手："我把旗弄坏了，当时我正在换新旗子。"

厨师："当时我正在修理电冰箱。"

"难道乘客会无故失踪？"平时便爱好侦探故事的大卫根据他们各自的陈述和相互做证的情况，拿起那张字条仔细察看，又闻了闻，发现上面有股鱼腥味儿。他略作思索，让四人各自仿写一张字条。他拿着四张字条仔细审视后，便知道了真相，说厨师是凶手。

你知道大卫判断的依据是什么吗？

破案密钥 鱼腥味儿、字条

审狗断案

难度指数：★★★☆☆

明朝的宁王年轻时是个花花公子，经常牵着只脖子挂着块写着"御赐"两字的牌子的丹顶鹤，在南昌满街闲逛。

有一天，那只丹顶鹤自个儿踱出门来，被一条狗咬死了。宁王暴跳如雷，吼道："我这丹顶鹤是皇上赏的，脖子上挂着御赐金牌，谁家野狗竟敢欺君犯上？"当即命令家奴把狗的主人捆起来，送交南昌知府，要给他的丹顶鹤抵命。

当时的南昌知府名叫祝瀚，对宁王的胡作非为很是不满。听说宁王府的管家前来转达宁王的"旨意"，他觉得又可气又可笑，对管家说："你写个诉状来，本府自当审理。"

宁王府管家递上诉状，祝瀚看过，从签筒中拔出令签，命令衙役捉拿凶犯到案。管家忙说："不劳贵差，人已抓到堂下。"

祝瀚故作惊讶，说："这诉状上明明写着肇事者乃是一条狗，本府今日要大堂审狗，抓人来干什么？"

宁王府管家气急败坏地说："那狗不通人言，岂能在大堂上审问？"

祝瀚见管家既狗仗人势，又说得有点道理，便想了个办法，就把这个案子轻松地判了。

祝瀚是如何判案的？

破案密钥 如果狗不通人言，那么……

35

训练有素的狼狗

深夜1点左右，警方接到一名男子的报警，说他的妻子被人杀害了。警方赶到现场，刚刚从警车里出来，就突然从屋里传来一阵狂吠声。走近一看，一条狼狗被一条长长的铁链拴着。"山姆，别吵！"男主人——也就是报案的男子克莱尔走出门来，那条狼狗便乖乖地蹲在地上，一副训练有素的样子。

死者身穿睡衣，倒在厨房的地板上，头部受重击而死。克莱尔悲伤地诉说着："我为一点小事和妻子吵了一架，憋着一肚子气跑了出去，那时是11点左右。

在外面兜了两个小时风，我回来一看，妻子被杀了，大概是妻子没关门，强盗闯进我家，被妻子发现，于是强盗杀人后逃跑了。"

"有什么东西被盗了？""放在柜子里的现金和妻子的宝石不见了。""你去兜风时带上你的狗了吗？""没有，只是我一个人去的。"

现场取证工作基本结束了。第二天一大早，警长来到邻居家了解情况。其中有一户邻居家里有一个准备升学考试的学生，头天晚上复习功课，整夜没睡。据他讲，在罪犯作案的时间里没有听到什么异常的动静。但是在11点左右却听到汽车由车库开出的声音，这一点与克莱尔讲的完全一致。但警长却认定凶手就是克莱尔。

果然，经审讯，克莱尔供认了杀害妻子、然后外出兜风消除凶器的罪行。

警长究竟凭什么证据，识破了克莱尔的犯罪行为？

破案密钥 如果狼狗没有异常的动静，那么……

谁安放的录音机

希耳公司研究开发出一套新软件，将要应用在空军的战斗机上。这是国家的一级保密项目，国外的情报机关不惜重金，要收买公司人员，窃取新软件的情报。这天下午1点钟，公司重要人员在公司的会议室里，举行了新软件的论证会。

会议是在绝对保密的情况下召开的。当会议开到一半时，有个工程师不小心把笔掉到地上了，他俯下身子去捡，却发现桌子底下有个奇怪的小盒子，他急忙拿起来一看，竟然是用来窃听的微型录音机！他立即将这个情况报告给总工程师。

总工程师马上宣布会议暂停，并向警方报了案。摩恩探长迅速赶到现场，他先检查了录音机，录音带上开始时没有声音，2分钟以后才听到轻微的声音，过了10分钟，听到很多人进来的脚步声和说话声。摩恩探长推测，安放录音机的时间，大约是在12点45分。根据调查，当时有可能进入会议室的，一共有两个人。于是，探长和经理一起，在经理室分别找这两个人谈话。

首先进来的是女秘书，她说："我12点40分进会议室，把文件放在桌子上后，马上就离开了。"经理看了看她的脚，生气地问："公司规定上班应该穿平跟鞋，你怎么穿高跟鞋？"女秘书红着脸说："今天起床晚了……赶着上班，穿错了。"

接着进来的是男清洁工，他说："我进会议室擦了桌子，就出来了。"探长还没有问话，经理指着他脚上的网球鞋，生气地责问："你怎么也不按规定穿平跟鞋？"清洁工支支吾吾地说："我……中午去打网球，忘了换鞋了……"询问完了，摩恩探长告诉经理："我知道微型录音机是谁放的了。"

到底谁是放录音机的罪犯呢？

破案密钥 高跟鞋、网球鞋

沉入湖底的车子

难度指数：★★★★☆

失业中的多姆打算杀死分居的妻子，诈取保险金。

当天夜里，他邀了妻子来到他的住处，让她喝下含安眠药的啤酒之后，把她放在车后座上。接着驾车前往近郊的艾利湖。

停好车后，他将沉睡中的妻子移至驾驶座。在车子翻落前一瞬间，他立刻从副驾驶席逃到了车外。望着车子沉入湖底，他才离开。

隔了一天，沉入湖底的车子被人发现了。警方派人打捞上岸一看，驾驶座上有一位已经溺死的女性的尸体。

死者好像是倒车时不小心翻落，因安全带绑着而无法逃出。

依车牌号码查询车主，刑警立即到多姆的住处通知了他。

"咦？那是我的车子！昨晚分居的妻子向我借，我借给她了。她的驾驶技术很好，怎么会翻落到湖底溺死呢？"多姆假装悲伤地回答。

"死者是1.6米的娇小女性。不知道你身高多少？"

"1.9米。请问，这和事件有关吗？"多姆不悦地回答。

"难怪！差了30厘米……这么说来，你太太不是在驾驶中落水，而是你制造翻车事故杀死她的。"刑警立即判断。

"冤枉啊！我怎么会去害死她呢？"

刑警心中十分肯定，对他不理不睬。

为什么尚未解剖死者的尸体，刑警就能立刻识破多姆的把戏？

破案密钥 如果夫妻俩身高不同，那么车子上……

38

藏在水中的银子

难度指数：★★★☆☆

唐朝至德年间，有位商人租了一条船要送货到外地做生意。当船在长江上行驶的时候，这位商人怕身边的银子失窃，便趁人不注意的时候，把银子藏在货物中间，不料这个秘密却被船上一位年轻的船夫发现了。当船行驶了一段路程，停靠在一个码头时，船上其他人都上岸买东西去了，只剩下那个年轻的船夫，他便趁人不在将银子偷了出来，又将货物按原样放好。

第二天，船到了目的地。商人在卸货时发现银子不见了，他满头大汗地在船上翻了几遍也没找到银子。于是，商人便拉着船夫告到县衙。县衙派人重新对小船进行搜查，也没找到银子。船夫反说商人诬告陷害，要求县衙治商人的诬告罪。

案子上告到州刺史那里，刺史阎济美便问商人：“小船前一天停靠在什么地方？”商人说出了停泊的码头。阎济美便令差役立即赶到前一天小船停靠的码头，到水中打捞，果然捞到一只小箱子，里面全是银子。

经审问，才知道那个年轻的船夫经常偷客户的银子。

阎济美凭什么断定银子在小船前一天停泊过的水里呢？

破案密钥 水手最引以为傲的就是水性好，所以……

39

替罪的瞎子

一天，一位瞎眼的中年男子来到县衙自首，说他因生气不慎失手打死了年老的父亲，要求胡县令治他罪。胡县令听罢，便带领衙役赶赴现场。

到了瞎子家，只见一位白发老翁脸朝下，倒在血泊中。胡县令验尸时，发现死者后脑勺上有3个伤口，这些伤口有规则地分开排列着，那老翁自然是招架不住来自3个不同方向的致命袭击而亡。胡县令看到这一切，对瞎子说："你既然杀了人，是要抵命的，你这一去再也别想回来了。家里还有什么人？叫他来和你诀别！"

瞎子脸色阴沉，过了一会儿，才低声说："家里还有一个儿子。"胡县令便派人传唤他的儿子。

儿子来了，畏畏缩缩地站在瞎眼父亲身旁，他一会儿看看父亲，一会儿看看众人，又不时瞟着倒在血泊中的祖父，双手不停地绞在一起。此时，胡县令大声说道："你们父子有什么话快说吧，今天可是最后的机会了！"

听罢这话，儿子抓住父亲的手，低头呜咽起来。父亲也哭着对儿子说："儿啊，以后可要好好做人。只要你今后好好过日子，父亲此去也就没有什么牵挂了。不要想念我，我眼睛瞎了，也不值得想念。"说罢，瞎子就扭过脸去。那儿子神色又凄然又慌乱。胡县令喝令儿子退下。

过了一会儿，胡县令又叫瞎子退下，传那儿子上来。胡县令铁青着脸，高声喝道："刚才你父亲把一切都招认了，是你打死了祖父，还想让父亲来替罪。你知道该当何罪吗？还不快招认！"

那儿子"扑通"一声跪倒在地，哆嗦着说："我确实打死了祖父，但我父亲去投案完全是他自己的主意，跟我不相干，请大人饶命！"说完连连磕头。

原来他家共有4口人，还有一位是他的叔叔，那被打死的老翁由于大儿子是瞎子，所以常常偏袒小儿子。这让孙子记恨在心。

有一天，趁祖父一人在家的时候，孙子抱起石头砸死了祖父。父亲回来后听说儿子杀了祖父，不禁吓坏了，为了保住这条根，就想出了这么个替罪的主意。

胡县令是凭什么知道那儿子是杀人凶手的呢？

破案密钥 瞎子的最大弱点就是看不见，所以……

 你肯定不知道

推理是由一个已知的判断推出一个新判断的思维过程。

推理是由前提和结论组成的。推理时所依据的已知条件是前提，从前提通过推理得到的新判断是结论。前提和结论的关系是理由与推断、原因与结果的关系。汉语中的因果复句和含有因果复句的句群，都是表达推理的。

一杯冰汽水

斯汀娜是一位畅销书作家。有一天，她很晚才回家。她一边开门，一边还沉浸在小说的恐怖情节里："开门的时候，身后蹿出一个黑影……"忽然，她觉得身后真的有个黑影！她的心怦怦乱跳，马上掏出防身用的水果刀，回身向黑影刺去，黑影"扑通"一声倒下了，她仔细一看，竟然是大楼管理员。由于被刺中心脏，管理员当场就死了。眼看着闯了大祸，她急忙想办法逃脱，看着周围没有人，于是用她惯于编造情节的脑子，想出了一个逃脱的妙计。她回到家里，拉下了电闸，偷偷地溜走了。

第二天，斯汀娜接到福森特探长的电话，要她马上回家。她回到家，探长已经等在那儿了。探长说了发现凶杀的事，问她："昨天你在家吗？"斯汀娜是编故事的老手了，她说："探长先生，我家里的电路坏了，电脑不能用，所以这3天，我一直住在母亲家呢！"福森特探长点点头说："你父亲以前是我的上司，我是看着你长大的，你是不会干违法的事的。哦，我忙到现在，渴坏啦！"斯汀娜一听，轻松地打开冰箱，倒了一杯冰汽水给探长。

福森特探长喝了一口汽水，忽然拿出手铐说："很对不起，尽管你父亲以前是我的上司，不过你犯了罪的话，我还是要逮捕你。"

福森特探长怎么会马上判断出斯汀娜说了谎呢？

破案密钥 如果停电三天，那么汽水……

157页和158页

难度指数：★★★☆☆

居住在洛杉矶的洛克是一位大富翁，他有两个姐姐和一个弟弟。由于自己已到了晚年，便早早地写了遗嘱，准备将自己名下的公司和上亿元的股票及文物留给两位姐姐的孩子。他找来了著名大律师大卫，把自己的遗嘱交给了这位办事公正的律师。

不久，洛克突遭重病，很快就离开了人世。就在洛克去世的第二天，洛克的侄子罗伯特来到了律师行。他拿出一份遗嘱，对大卫说："亲爱的大卫先生，我知道洛克先生曾给你留了一份遗嘱。不过，我现在手里的这份遗嘱才是有效的，因为它的时间要比你手中的遗嘱的时间还要晚，这份遗嘱上写的遗产继承人是我。"

大卫一下子傻眼了，他查看了罗伯特拿来的文件，发现上面所写条款以及签名、盖章都没有错。大卫想了想，说：

"罗伯特先生，你的这份遗嘱是如何拿到手的呢？"

"我是在洛克先生家的《圣经》里找到的，那天，我去洛克家看望洛克，他已经不行了，便用最后的力气告诉我在圣经的157页和158页之间夹着他给我的遗嘱……"

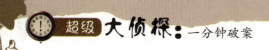

　　"你在说谎！"大卫怒斥道，"如果你能把手中的这份遗嘱放回原处，我就承认你是继承人！"

　　罗伯特顿时怔住了，只好承认自己是在撒谎。

　　大卫为什么说让罗伯特把遗嘱放回原处呢？

破案密钥　　因为这两页其实是一张纸的两面，所以……

 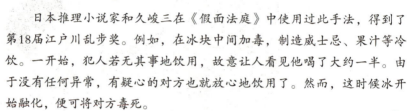
侦探小说掠影

　　日本推理小说家和久峻三在《假面法庭》中使用过此手法，得到了第18届江户川乱步奖。例如，在冰块中间加毒，制造威士忌、果汁等冷饮。一开始，犯人若无其事地饮用，故意让人看见他喝了大约一半。由于没有任何异常，有疑心的对方也就放心地饮用了。然而，这时候冰开始融化，便可将对方毒死。

列车上的失窃案

难度指数：★★★★☆

在一列从南方开往北京的特快列车的第10号硬座车厢里，相对坐着4位旅客。他们的目的地分别是徐州、济南、德州和北京。

列车在南京站停靠13分钟，4位旅客都有事离开了自己的座位。13分钟后，列车继续北行。这时，一位去北京的旅客突然发现自己的公文包丢了，里面有2000元现金。

列车上的乘警王大凡闻讯来到10号车厢开始调查。丢失公文包的旅客说："列车靠站之前，公文包一直放在行李架上，后来我到列车办公室问有没有卧铺，回来后就发现公文包没有了。"

45

去徐州的旅客说："列车停靠时，我到11号车厢去看望同事了。"

去济南的旅客说："我下车活动了一下身体。"

去德州的旅客说："我那时正好上厕所去了。"

王大凡听完4个人的叙述，和同事刘可交换了一下眼色，耳语了几句，对其中一个旅客说："请你到办公室来一趟！"

被带走的是哪位旅客？王大凡发现他有什么可疑之处？

破案密钥 因为火车停车时厕所……所以……

你肯定不知道

假言推理是以假言判断做大前提，并且根据假言判断前后事件之间的关系而推出结论的演绎推理。也叫假言三段论。例如：

如果得了急性胆囊炎，那么就有腹痛现象。小宁得了急性胆囊炎。所以，小宁有腹痛的现象。

这就是一个假言推理。

公主的珍宝

难度指数：★★★☆☆

唐朝的时候，有一回，女皇武则天赏赐给太平公主许多珍宝，这些珍宝装满了两个食盒，价值几千两黄金。太平公主很高兴地吩咐太监们把珍宝藏在公主府的仓库里。可谁也没有想到，到年底时，这些珍宝全被盗贼偷走了。

武则天闻听震怒，暗想："什么人如此猖狂，居然到公主府盗取宝物，真是贼胆包天！如不查明重办，后患无穷。"她当即命人把洛州长史传来，声色俱厉地说："限你三日破案，三日捉不到贼，追不回宝物，连你一并治罪！"

长史吓得额角冒汗，浑身抖作一团。半晌过后，方才强打精神出宫。

很快，他召集差役说："公主府中宝物被盗，限一日内查清，不然大家就别想活了。"

正巧，这一天，督办此案的沈智清等公差在酒馆里巧遇前来都城述职的湖州知府的师爷苏无名。这苏无名学识渊博，通今博古，为官多年，以清廉自守出名，深得百姓拥戴，尤其善断盗案，长于擒贼，享名于朝廷内外。苏无名为官所到之处，可称政通人和，盗贼敛迹，夜不闭户，路不拾遗。因为知道他很有本领，沈智清等公差就一齐邀请他到县衙。

县尉听说苏无名来了，连忙向他请教抓贼的办法。苏无名说："我请求和您一起去宫中面见陛下，到那时候再说吧。"到了宫中，苏无名对武则天说："请把两县负责缉捕盗贼的吏卒，全交给我调遣。两日之内，我保证为陛下抓住这些盗贼。"武则天早就知道苏无名办案很有一套，就答应了。

到了寒食节这天，苏无名把吏卒们都召集起来，吩咐说："你们分别在各城门守候。只要见到有一伙穿着孝服的人出城往北邙山去，就跟上，看他们要干什么，然后赶快来向我报告。"

吏卒们分头守候在各门，果然发现有这样一伙人出城，就跟在后面观察。

当看清他们的活动后，吏卒立即赶回城里报告苏无名说："这伙人到一座新坟前祭奠，虽然哭泣，却不悲伤。撤下祭品后，就围着坟堆边走边看，还不时相对而笑。"苏无名听了，命令吏卒们把那伙人全抓了起来。挖开那座坟，把棺材劈开，一看，里边果然装的全是太平公主丢失的那些珍宝。

苏无名凭什么判断这些人是盗贼呢？

破案密钥　因为这伙人不悲伤，所以……

 侦探小说掠影

加热沙漏，使时间过得"快"一点的技巧，可见于艾德华·何克的短篇小说《推理作家会议的杀人事件》。此外，鲇川哲也的短篇作品《沙漏时钟》里也使用沙漏作为时间讯号。沙漏没有上下的区别，暗示犯人名字的发音无论从上读或从下读都一样。高木彬光的《我在高一时代的犯罪》也使用了沙漏。但奇怪的是，作者描写沙漏落下时有沙沙的声音，而事实上，沙漏的沙密封在玻璃瓶内，应该听不见声音。

遗嘱的暗示

难度指数：★★★★★

布泽尔是一个有钱的富商，他是个孤儿，从小在孤儿院长大。长大成人之后，他凭着自己的努力和聪明才智创办了一家公司，公司和他一同成长了40年，如今终于闯进了世界500强。大概是老天想让布泽尔孤单一生：他不仅没有儿女，就连和自己一起吃过苦的妻子也在一个月前去世了，而布泽尔也因为痛失妻子，焦虑过度中风了。但他很坚强，也很倔强，从不服输。

他找来律师立了一份遗嘱，遗嘱内容是说等他死了之后，把一半财产捐给慈善机构，另一半财产平均分给现在还为他工作的仆人们。但有一个前提，只有在他临死的时候还在他的别墅里工作的仆人才有资格分财产。

一个月后，布泽尔死在了别墅里，然而死因却不是因为病情恶化，而是被人勒颈窒息而亡。凶手很狡猾，没有留下任何线索。但是再狡猾的狐狸也逃不过邦德警长这个猎人的眼睛，根据布泽尔生前留下的遗嘱，他确信布泽尔是死于仆人之手。在布泽尔的众多仆人中，谁才是真正的凶手呢？邦德开始调查保镖、厨师、司机、马夫。最后邦德抓到了凶手。

你知道杀害布泽尔的凶手是谁吗？

破案密钥　因为布泽尔中风后不能……所以……

探长为什么**如此判断**

难度指数：★★★★☆

警察来到A租住的地方，发现A租住的房间只有一扇窗和一扇门，而且都在里面锁上了。

警察B小心翼翼地撬开了门，进入房间，只见A倒在床上，中弹而死。

警察B打电话给探长C，向他报告了情况："今天早上，地铁车站一个卖花的小贩打电话报警，说A每个星期六晚上都要到他那里买10朵粉红色的玫瑰，到现在已经有5个年头了，从未间断过，可最近3个星期A都没去。那小贩有点担心A出现意外，就给我们打了电话。初步看来，A自杀的可能性比较大，他好像是先锁上了门和窗，然后坐在床上向自己开了枪，倒向了右侧，手枪掉到了地毯上。开门的钥匙在他的背心口袋里。"

"他买的那些玫瑰怎么样了？"探长C问道。

"它们都装在一个花瓶里，花瓶放在狭窄的窗台上，花都枯萎凋谢了。另外，据我们判断，A死了至少8天了。"

"整个地板都铺了地毯吗？"

"是的，一直铺到了离墙脚约3厘米的地方。"警察B回答。

"在地板、窗台或者地毯上有没有发现血迹？"

"只在床上发现了一些血迹，别的地方都没有。地板等处很干净，只有一点儿灰尘。"

"如此说来，你最好派人检查一下地毯上的血迹。"探长C说道。

"有人配了一把A房间的钥匙，他开门进去，打死了正站在窗边的A，然后，凶手打扫清洗了所有的血迹，再把尸体挪到床上，制造出死者自杀的假象。"

探长C为什么判断A是被他人杀害的呢？

破案密钥 因为窗台狭窄，所以枯萎的玫瑰花瓣……

密室之钥

难度指数：★★★★★

伦敦的贝克街211B是有名的侦探福尔摩斯的住处。

有一天，附近的一栋公寓发生了奇怪的密室杀人事件。住在3楼15号房的单身青年在室内被毒死了。

发现尸体的是从乡下来看儿子的母亲。

她已经写信通知儿子，说今天会到，儿子应该不会出去。可是老人家怎么敲门，里面都没有回应。

于是，这位母亲请求公寓管理员开门。但管理员本人也没有钥匙。所以，只好到外面请来锁匠开门。

母亲进到只有一间房的屋内一看，儿子已经趴在桌上死了。桌上放着茶杯，喝剩的红茶中含有氰酸钾。

窗户由里面锁起来，唯一的大门钥匙也放在挂于墙壁挂钩上的外套口袋内。

换言之，这间公寓是完全意义上的密室。

看起来，好像是死者反锁门窗之后，服毒自杀的。

但现场没留下任何遗书。

这位母亲不相信自己的儿子会自杀，便请名侦探福尔摩斯调查。

福尔摩斯经过详细调查之后，得到以下3条线索：

1.门的下端与地板之间正好有个可以塞进钥匙的缝隙。

2.大门钥匙的握把处有个钥匙挂圈正好可以通过的孔。

3.挂在墙壁挂钩上的外套，口袋底部有缝衣针刺穿的两个小孔。

依据这3条线索，福尔摩斯对这位母亲说出了自己的推测：

"你的儿子不是自杀，而是他杀。犯人毒杀你的儿子之后，用钥匙把门锁上离开前，运用了巧妙的技巧，伪装成你儿子服毒自杀的样子。犯人将钥匙放入挂钩上的外套口袋中，伪装成密室自杀的假象。"

不愧是名侦探，立即揭开了事件的真相。

在场的刑警不禁面面相觑，一片愕然！

你能推测出犯人是怎样使钥匙回到挂钩上的衣服口袋里的吗？

破案密钥　如果能在空中移动钥匙，那么……

 你肯定不知道

三段论：它是指由两个简单判断做前提和一个简单判断做结论组成的演绎推理。三段论中三个简单判断共包含三个概念，每个概念都重复出现一次。

例如：凡有袋类的哺乳动物都有袋骨（前提），负鼠是有袋类的哺乳动物（前提），所以，负鼠有袋骨（结论）。这是个三段论推理。它是由简单判断"凡有袋类的哺乳动物都有袋骨"和"负鼠是有袋类的哺乳动物"做前提；而推出另一个由"所以，负鼠有袋骨"做结论的推理。

奇怪的数字

难度指数：★★★★☆

一天傍晚，艾利克斯去叔叔马克家还钱，可他按了很久门铃都没人开门。

马克的妻子3年前就病死了，马克没有儿女，现在孤身一人住在偌大的房子里。

艾利克斯担心叔叔会出事，便拿了压在窗台砖头下的钥匙，进了屋。当走进叔叔的卧室时，他发现马克遇害了，马克后背插着一把匕首。

艾利克斯不敢破坏现场，赶紧报了警。

警察戴维很快赶到，初步鉴定，马克是于昨晚遇害的。戴维问艾利克斯："马克可有仇人？"

"他虽然性格孤僻，但为人还算和善，据我所知，他没什么不共戴天的仇人。很有可能是到屋里行窃的人干的。"

邻居也证实，曾看见赌徒杰克昨天晚上在附近转悠。不过邻居还说，艾利克斯和马克的关系也不好，艾利克斯前天还和叔叔大吵了一架。

艾利克斯很生气，说："叔叔逼着我还钱，我就和他拌了两句嘴，这有什么……"他没说完，女警珍妮来到戴维身旁，说道："警长，死者身下有 10、1、3、11几个数字，应该是死者留下的线索。"

"这是什么意思呢？"大家都陷入沉思。忽然，艾利克斯喊道："我知道了，这是杰克名字的代号，在26个字母中，10代表第10个字母J，以此类推，1代表A，3代表C，11代表K，连起来就是JACK。因此凶手是杰克！"

戴维忽然笑了，说："凶手肯定不是杰克，艾利克斯，你倒是很有嫌疑。"

警察戴维为什么这么说？

破案密钥 如果死者所剩时间不多，为何不……

台阶上的老裁缝

难度指数：★★★★☆

一天早上，警长哈里在大街上巡逻。哈里是一个老警察了，对这里的每条道路、每户人家，都非常熟悉。

哈里警长拐了个弯，前面有一幢临街的小楼，住着老裁缝戈里先生。戈里先生的手艺相当精湛。哈里警长想："下星期六儿子要举办婚礼，我应该做一套黑色礼服，对了，就找戈里先生吧。"

哈里警长正这样想着，突然，前方传来一声枪响。他抬头看去，只见戈里先生站在自家的台阶上，脸朝着家门，慢慢地倒了下去。哈里赶紧奔过去，发现老人的背上中了一枪，鲜血从伤口涌出来，老人嘴唇颤抖着，好像要说什么，但还没说出来，就停止了呼吸。

哈里警长放下老人，转身看四周，看到马路对面有两个人，就大声命令道："我是警察，你们都举起手，慢慢走过来。"

那两个人慢慢走过来了。哈里开始向他们询问情况。这两人中，一个是年轻的小伙子，他说："我是个司机，正好上完夜班回家，听到枪声，回头一看，一个老人慢慢地倒了下去。其他的，我就什么也不知道了。"另外一个是中年人，他说："我每天早上都要跑步锻炼，刚才正好跑过这里，随意瞥了一眼对面，看见老人正在锁门，忽然枪响了……"

哈里拿出手铐铐住了中年人，严厉地说："你有枪杀老人的嫌疑，请跟我到警察局去说清楚吧！"

为什么哈里警长认为是中年人枪杀了老人？

**破案
密钥** 如果老人脸朝门站着，可能是……也可能是……

侦探小说掠影

《巴斯克维尔的猎犬》是最伟大的神秘故事之一，福尔摩斯揭开了巴斯克维尔猎犬之谜。福尔摩斯和他的同伴华生医生来到了达特沼泽地的荒野探寻查尔斯·巴斯克维尔爵士死亡背后的真相。他是由于自然原因死去的呢，还是他是这个家族的诅咒——一头可怕的猎犬的受害者？DK经典名著系列绘本的这个版本营造了像沼泽地里的雾气一样弥漫的恐怖气氛。书中也表现了福尔摩斯这位世界上最伟大的侦探的迷人性格和他独有的幽默。

大案追踪 之 绝密档案

案件：胰岛素杀人案

1957年5月3日夜，一位医生打电话报警说，大概在11点30分左右，他的太太伊丽莎白·巴劳在澡盆里因虚脱而死去了。

接案后，英国布雷德福刑事调查科的警探佐·奈勒和他的同事立即赶往案发现场。

当报案人肯尼斯·巴劳领着奈勒等人走到浴室的时候，洗澡水已经被放掉了，伊丽莎白·巴劳在空澡盆里向内侧躺着，胳膊弯曲，好像正在睡觉。

肯尼斯·巴劳摘下眼镜，坐到桌子边，用稍显疲惫的语气述说道："我的妻子在一家洗衣店工作，今天是休息日，我们两人喝了下午茶之后，伊丽莎白觉得天气闷心里难受，于是便上床去休息。她要我在7点30分的时候叫醒她，因为那时有个她想看的电视节目。可是当我叫她时，她又说不想看了。大约9点30分，她叫我，说她呕吐了。于是我给她换了床单，自己也上床睡觉了。过了一会儿，她又说觉得太热，要去洗个澡。随后我就睡着了。11点多，我醒来了，看到妻子还没有回到床上，而浴室里还有灯光，我心里感觉很不好，急忙跑到浴室去看，结果发现她已经淹死在水里了！我想把她拉出来，但她太重，拉不动。随后，我把水放掉，并用人工呼吸想使她苏醒过来，可是，我的努力没有任何效果……"

疑点丛生

警员把整套房子都仔细观察了一番，随后赶来的法医也对尸体做了初步的检查，众人发现了一些疑点和矛盾的地方：

首先，巴劳救他妻子时穿过的睡衣、睡裤完全是干的，没有水渍，这是为什么？

其次，浴室的墙上和地上都没有溅上水，表明这位医生抢救妻子的过程非常可疑！

第三，死者的肘部上面还有水，法医认为这个情况和巴劳所说的进行过人工呼吸相矛盾。

第四，死者身上各处都没有受过暴力袭击的迹象，但瞳孔却扩张得很大，这是为什么？如果死者被注射了某种麻醉品，那么，其瞳孔会扩大。

重要发现

当时，警局指定由病理学家兼法医学家普赖思对死者做了尸体检验。普赖思医生在死者左臀部找到了两个靠得很近的细小针痕，在右臀部的皮肤皱褶里也找到了两个类似的点状痕迹——因为死者皮肤上有许多痣、雀斑和痤疮，先前的工作中将这些痕迹给遗漏掉了。

胰岛素杀人

一个人要维持生命，血中含糖量必须保持在一定水平。正因为如此，如果把一个糖尿病人所能接受的胰岛素含量注射到健康人的身上，他很可能会使其产生低血糖休克状态从而导致死亡。由于巴劳是医生，知道胰岛素的作用，他很有可能曾给妻子注射过胰岛素，并算好时间，正好使昏迷发生在她洗澡时，造成"她是淹死的"的假象。

逻辑推理

基于一系列的分析，完全可以肯定：巴劳用胰岛素谋杀了妻子。推理过程如下：

第一，把死者臀部组织提取液注射到老鼠身上，得到了和注射胰岛素相同的症状，所以，死者臀部组织提取液中有胰岛素。

第二，把死者组织的提取液用可以破坏胰岛素的半脱胺酸或胃蛋白酶处理，它就不再对老鼠起任何作用了。这就证明，死者的组织液中有胰岛素。

第三，用给老鼠反复注射胰岛素的油悬浮液所产生的抗血清处理尸体提取液，它就马上变成对老鼠无害的东西，说明尸体提取液中有胰岛素。

真相

肯尼斯·巴劳于1957年7月29日被捕，被控告用冷酷、残忍的手段预谋谋杀了妻子，他最终被判处终身监禁。

衣架上的大衣

在冬天快要结束的时候，美国明尼苏达州蒙特班市的人们特别喜欢在家里聚会。

这一天，该市最富有的女人艾玛·惠勒在家里举办了一个聚会，宾客来了很多，一直玩到凌晨。

这时，艾玛突然发现自己家那个价值连城的中国明代花瓶不见了，而花瓶原先就放在入口大厅的桌子上。

警察赶到时，宾客们都聚集到了客厅里，艾玛正站在前面，她的情绪很激动。警察搜查了整个房间及客人们的汽车，都没有找到花瓶。

"你们得去问一下客人了。"艾玛对探长说，"不过我想也不会有什么用处，因为像在这样的聚会里，人们连自己做了些什么都记不住，更别说去注意别人的行动了。"

菲利浦·麦克斯走上前说："我和朱莉·贝克尔一样，是最早一批到达的客人。我始终没有离开过房间。要是其他人没有注意到我，那是因为有一半时间我都待在卧室里看电视转播的棒球赛。"探长记录下菲利浦的话，然后让他走了。

罗德·史洛威茨第二个接受讯问。

"对不起，我必须得回家了，"他先道歉说，"要是两点钟我还没喂我的双胞胎孩子吃饭，我妻子会打我的脑袋的。"罗德也声称自己从未离开过房间。

"哦！"他又想起来了，"我曾出去过一趟，上了二楼阳台，外面很冷，我一会儿就回屋了。"

朱莉·贝克尔第三个接受讯问。她也声称自己从未离开过房间，也没有看到什么异常现象。

她说："我一直在跟不同的人说话，还品尝了桌子上丰盛的食物。"探长也放她走了。

这时，朱莉走进入口大厅，从挂满衣物的衣架顶端取下自己的大衣。

"看来，你们要用一整夜时间来找嫌疑人了！"艾玛抱怨说。

探长说："不用了，我已经看到了一个嫌疑人。她就是朱莉·贝克尔！"

探长为什么认为朱莉·贝克尔是嫌疑人呢？

破案密钥 因为朱莉·贝克尔的大衣在顶端，所以……

 你肯定不知道

头发是一种刑侦人员比较容易获得又容易被犯罪分子忽略的微小证据。从一根头发中，可以判断出其性别、个人特性、所患疾病甚至种族。头发是人体排除矿物质元素的途径之一，在头发中，大约含有四十多种化学元素，其中有二十多种与人的健康有着密切的关系。比如说，患有多尿症的孩子，头发中含铬量偏低；营养不良的孩子，头发中含锌量偏低。一个人头发中镉含量偏高，意味着这个人烟瘾很大；患有精神分裂症的人，头发中镉和锰的含量很低，而铝和铁的含量偏高。

门球场杀人事件

一个下雨天的早晨，名侦探团五郎与艾特警官在公园散步，忽然，他们发现门球场正中央有一位年轻女子倒卧在地，不禁都大吃一惊。

女子因腹部被刺了两刀而死。

一把沾有血迹的刀子遗落在尸体旁。

然而，经过昨夜的一场大雨冲刷，现场的地面上只留下了被害女子高跟鞋的痕迹，没有其他足印。

"真奇怪，现场没有犯人的足迹。难道……凶手是在下雨之前，或下雨当中行凶，然后逃逸的？"艾特警官如此说道。

"不，如果真是这样的话，应该连被害人的高跟鞋痕迹也一起消失呀！但尸体旁不仅血迹斑斑，而且连刀子上的血也没有被雨水冲掉。我认为，凶手是在雨停之后刺杀被害人的。"团五郎断言。

"依你所言，为什么犯人的足迹没有留下来，却能离开球场呢？难道他是

用手或扫帚将足迹清除之后再逃逸的吗？"艾特警官问道。

"真是这样的话，也会留下消除的痕迹呀！但现场地面上就像被雨冲洗过一般，了无痕迹。高跟鞋痕迹那么小，犯人更不可能踩在它上面逃逸。"

团五郎为慎重起见，将被害人脚上的高跟鞋脱下，与地面上的痕迹作对比。

高跟鞋的痕迹与地面上的痕迹一模一样。

地面的痕迹是被害人走过来的足迹。

"这么说，犯人是没有脚的幽灵？"

"警官，不要这么推理。"

"可是，除此之外，根本想不出其他理由啊！难道犯人长了翅膀，从空中飞过来刺杀被害人？"艾特警官百思不得其解。此宗怪案，连名侦探团五郎也有点伤脑筋。

片刻间，团五郎绞尽脑汁，左思右想。突然，在他眼观四方时，察觉到在围有铁丝网的出入口处，有置物柜及洗手用的水龙头。

"我知道了！犯人用了很简单的办法，消除了自己的足迹之后才逃逸。"

就这样，谜底立即被揭开了。

你知道谜底是什么吗？

破案密钥 因为水龙头能……所以……

难道是贼喊捉贼吗

　　警察会面对各种各样的突发事件。比如像巡警里奥现在这样，今晚正好是他值班，当他巡逻到一段管辖区时，突然听到远处传来呼救声。里奥立即驾驶摩托车急驰而去，来到河边，看到一个蒙面男子手持尖刀，捂住一个老人的嘴，正要行凶。里奥立即掏出手枪高声叫道："警察！放下尖刀，否则我要开枪了！"

　　歹徒听到喊声，一个后仰翻，敏捷地翻到河中，潜水逃跑了。老人惊魂未定，急忙说："他抢走了我整整4万美金！" 里奥看老人没有大碍，便立即发动摩托车追了过去。

　　5分钟后，他根据匪徒游走的方向来到河的对岸，之后又花了近10分钟找到了匪徒上岸的水迹，这时的水迹已经有些模糊了。里奥随着水迹向前搜寻，来到了500米以外的一栋废弃房屋中。经过仔细搜索，他发现屋里只住着两个流浪汉，他们一个叫杰克，一个叫范尼。

　　杰克正在房间里看书，他穿着皱巴巴的睡衣，剃了个光头，听说有抢劫案，立即可怜巴巴地说："警察先生，我可是一个奉公守法的好公民！今晚我就没出去过。倒是隔壁的范尼好像刚刚回来的样子，这个家伙平时总是喜欢小偷小摸。"

　　说着，杰克还自告奋勇地带里奥前去范尼的屋里。范尼已经睡下了，依稀能听到轻微而均匀的鼾声。杰克一把将范尼揪了起来："你还装睡，抢劫犯一定是你，看，你这盆湿衣服就让你原形毕露了！"

　　里奥一看，果然范尼的床边泡了一盆衣服。范尼却不以为然，挠挠长长的头发说："杰克曾经因为抢劫坐过两年牢，这可能是他干的。"

　　究竟是谁干的呢？

破案密钥 范尼、头发长长的；杰克、光头

翻下悬崖的吉普车

西拉蒙是一名间谍，这一天，他得到一个消息："今天凌晨1点钟左右，S国的情报官将要驾驶一辆吉普车，带着一份绝密文件，经过5号盘山公路。"西拉蒙马上决定在公路上堵截住情报官，抢走绝密文件。

夜深了，公路上几乎没有车辆来往。西拉蒙坐在一辆卡车里，关闭了车灯，隐蔽在路边。他看了看夜光手表，已经凌晨1点钟了。这时候，远处传来汽车马达声，接着，灯光越来越近，他看清楚了，就是那辆吉普车。他立刻打开车灯，发动马达，打算去拦截，没想到，吉普车"突突突"叫了几声，自己停了下来，情报官跳下车，骂了一句："见鬼了，忘了加油！"

这真是天赐良机啊！西拉蒙一踩油门，卡车冲了过去，"吱"的一声，在吉普车旁边刹住了。西拉蒙跳下车，拔枪对准情报官。那情报官拿了公文包，

撒腿就逃，可是他怎么逃得过子弹呢？西拉蒙"砰砰"两枪，把情报官打死了。他打开公文包，拿走了绝密文件。然后，把尸体和公文包放进吉普车，又拿出事先准备好的汽油瓶，扔进驾驶室。最后，他把吉普车推下悬崖，只听"轰"的一声，山谷下面燃起了熊熊大火。

第二天早上，新闻报道："5号盘山公路发生车祸，一辆吉普车翻下悬崖起火，车和驾驶员被烧焦……"西拉蒙放心地笑了。可是他听到电视里又在说："警方根据初步调查，认为这起事故是一个大阴谋……"西拉蒙吓出了一身冷汗，他不明白，警方从哪里发现破绽了。

警方是从哪里发现这起"车祸"是一个大阴谋的呢？

破案密钥　　如果油箱忘了加油，那么……

你肯定不知道

啊！犯罪心理学还有别称？

有啊！以下内容属实，绝非谣传！

犯罪心理学又称为罪犯侧写，起源于1940年，当时美国战略情报局要求研究精神病学的专家威廉·兰格侧写阿道夫·希特勒的心理。第二次世界大战之后，英国精神病学专家利昂内尔·哈瓦特在英国皇家空军部队工作，侧写了一串纳粹的高级战犯可能表现出来的行为特征，以期能从一群被俘的士兵和飞行员中找出他们。

樱花草的秘密

A市内，一位独居的女士经营一家花店。

因为花店位于一家大医院的对面，探病者常来此买花，故生意不错。

然而，一个春天的早晨，女老板死了，尸体是早上来上班的兼职员工发现的。

尸体与各种花草及观叶植物并排，倒在店内的地面上，死因是背部被刺。好像是在昨晚打烊后，数钱时被袭击的，店内的钱全被偷走了。

不知为什么，被害人死时右手握住了一枝淡红色的小花。这好像是从旁边的花盆中摘下来的。花盆贴着"樱草科"的标签。

"樱草是什么？"

"就是樱花草，A市的市花。"

"旁边还有许多更漂亮的花，为什么被害人会选这种花？"

"也许是某种暗示，以这种樱花草提示追查凶手的线索。"刑警边在现场取证边说道。

不久，找出了 3 个嫌疑人。3 人都是在店内工作的员工：

田洋：25岁，单身，被害人的表妹，A市出生。

铃子：22岁，送货打工学生，B市出生。

小顺：35岁，兼职家庭主妇，C市出生。

"但这三人和樱花草有什么关系呢？"刑警们歪着头表示不解。

"对！她就是凶手！的确，被害人以樱花草暗示了谁是凶手。"对植物感兴趣的警长立即指出了凶手。

他是怎么推断的？

破案密钥 因为樱花草是A市的市花，所以……

侦探小·说掠影

　　外国铁路推理小说当中一般没有时刻表，取而代之的是以行进中的列车为舞台，展开惊险的追逐战。最具有代表性的是克里斯杜夫·梅特的《美国铁路旅客公司66号列车抢夺事件》。在这部作品中，克里斯杜夫·梅特以载有3500万美元新钞的列车为目标，讲述四人集团大胆计划抢劫的故事。他们故意搭乘此列车，在列车上却被全副武装的强盗集团拦劫。搭载业余与专业两强盗集团的这班列车，在穿越加拿大大陆时，剧情进展至最高潮。笑到最后的是谁？哭的是谁？本书真是令人手心冒汗的铁路推理小说中的最佳杰作。

密室自杀真相

难度指数：★★★★☆

一天，一个年轻男子用力敲打着安琪拉的房门，他一边敲，一边大声叫着安琪拉的名字。刺耳的声响吵醒了对门正在睡午觉的路德先生，路德非常生气地打开门。

那个年轻男子转过身来，充满歉意地对路德说："我叫莫尔，是安琪拉的上司。这几天她没来公司上班，所以我来看看。我给她打电话她不接，敲门她也不开，我真担心她会出事。"

路德先生走出房门，敲了敲安琪拉的门，里面没有人回答。"该不会是真出事了吧？"莫尔惊叫一声，一下子就撞开了门冲进房间。

房间里充满了煤气味。煤气炉的阀门开着，门窗都用胶布封了起来，躺在床上的安琪拉已经死了，但她看上去像是在睡觉。床头柜上放着一个安眠药瓶。看起来，安琪拉是有心自杀。

警方很快赶到，他们发现贴在窗户和门上的胶布上并没有指纹，一个存

心自杀的人不可能在死之前还精心消除自己的指纹。于是警方判定这起案件是他杀。

　　一个警员用力推了推窗户，只见窗户纹丝不动，早已被胶布固定得死死的，门上的胶布，同样贴得严严实实，俨然就是一个密不透风的密室。在这种情况下，凶手是怎样逃脱的呢？

　　路德先生默不作声，突然他仿佛想起了什么，问道："莫尔先生，你为什么要杀害安琪拉？"

　　路德为什么会怀疑莫尔？

破案密钥　因为莫尔能一下子撞开门，所以……

侦探小说掠影

　　侦探小说中很少出现非洲侦探，《第一女子侦探所》这本书是个例外。本书主角兰马翠姊是一位善良聪慧的非洲女性，她在当地开设了一家侦探社，她是远近闻名的女侦探。与一般的侦探小说不同，书中没有多少冷酷凶残的犯罪案件，反而处处充满人情关怀。兰马翠姊更多的是解决与人们生活紧密相关的困扰，如帮人寻夫、揭开骗子真面目等。

没有指纹的间谍

难度指数：★★★★☆

国安部接到上级命令，调查一个长期潜伏在A国的超级间谍，上级除提供了这个女人的指纹和一张模糊的照片之外，没有提供其他任何线索。经过多方努力，国安部终于确定了一个嫌疑最大的女人，她和照片上的那个超级间谍长相很相似。但是很奇怪，凡是她接触过的东西都没有留下任何指纹，这样就无法有足够的证据证实她就是那个超级间谍了。

因此，只有获得了这个女人的指纹才能知道她是否就是那名超级间谍。于是，国安部派出一名侦探负责取得这个女人的指纹。这名侦探很快得到了女人用过的好几样物品：水杯、勺子、碗，可是上面没有指纹。为什么她没有留下指纹呢？这名侦探非常迷惑。一次，他在电视的广告节目里看到一个明星正在介绍一种无色的指甲油，他恍然大悟。

几天后，侦探设法进到这个女人所住的宾馆，装扮成一个宾馆服务员。侦探帮助女人修好了她房间里坏掉的喷头，然后让她在宾馆的修理记录里签了字。然后，侦探将女人用过的笔和记录单交到了国安部。

经指纹专家鉴定，这个女人的指纹与资料上的指纹完全吻合，警方立即逮捕了这个女人。

侦探是如何取得这个女人的指纹的？

破案密钥　无色的指甲油

被拖延的谋杀案

福尔接过一份报告，看了一会儿，对警长说："根据验尸报告，露丝太太是两天前在厨房中被人用木棒打死的。这位孤独的老太太多年来一直住在山顶上破落的庄园里，几乎与外界隔绝。您觉得这是什么性质的谋杀呢？"

"哦，真该死！我昨天凌晨4点钟就接到一个匿名电话，说她被人谋杀了，但我还以为这又是一个恶作剧，因此直至今天还没有着手调查。"警长尴尬地说道，"那么我们现在去现场看看吧。"

警长将福尔引到庄园的前廊说："由于城里商店不设电话预约送货，必须写信订货，因此老太太连电话都很少打。除了一个送奶工和邮差是这里的常客之外，唯一的来客就是每周一次送食品杂货的男孩子。"

福尔紧盯着放在前廊里的两摞报纸和一只空奶瓶，然后坐在一只摇椅上问："谁最后见到露丝太太？"

"也许是卡森太太，"警长说，"据她讲，前天早晨她开车经过时还看见老太太在前廊取牛奶呢。"

"据说露丝太太很有钱，她在庄园里至少藏有5万美元。我想凶手一定是谋财害命。凶手手段毒辣，但我们现在还找不到线索。"

"应该说除了那个匿名电话之外，我们还没有别的线索。"福尔更正道，"是凶手实在没料到你会拖延这么久才开始着手调查吧！"

福尔怀疑谁是凶手？

破案密钥 两摞报纸和空奶瓶说明……

你肯定不知道

请看这则记载在《世说新语》中的故事：

王戎七岁，尝与诸小儿游，看道边李树多子折枝，诸儿竞走取之，唯戎不动。人问之，答曰："树在道边而多子，此必苦李。"取之信然。

王戎是这样推理的：如果路边的李子味道甜美，那么就不会"多子折枝"；现在路边这棵李树"多子折枝"，所以，必是苦李。

这是一个否定后件式的充分条件假言推理，符合推理规则，是正确的。王戎在答话中，只说出小前提和结论，省略了大前提。

半个人

难度指数：★★★★★

桑巴达镇许多孩子在放学回家途中神秘失踪，这事在当地引起了巨大恐慌。

警长舒雷带领手下在镇里搜查了无数次，都毫无结果，可见作案者非常狡猾。

这天，一个警察冲进来说，有个老太太打电话来投诉，说她的邻居家最近老是传来孩子的哭声。舒雷一听抓起外套就往外冲。

在镇外的一幢别墅里，投诉的老太太说，她家旁边新搬来一个叫摩斯的年轻人，这个人不仅不承担公共卫生，还经常把孩子弄得哭哭啼啼的。

舒雷马上组织人员包围了摩斯的住所，3个警察撞开房门冲进房内。摩斯坐在沙发上说道："你们也太笨了，整整一个月连我在哪儿都找不到。要不是我把孩子弄哭，恐怕你们现在还待在警察局里瞎猜吧？"

"你这个混蛋！"舒雷怒骂道，"你把孩子们弄到哪里去了？"他随即掏出了手枪。

摩斯摆了摆头说："有胆你就开枪！其实，你进来的时候我就用遥控启动了机关，现在正在往关押孩子们的房间里注水，你再和我闹一会儿，看你怎么向那些家长交代！"舒雷警长脑门开始冒汗，他说："你想怎么样？"

摩斯说："我给你最后一个机会！我把绑架来的孩子的一半加半个放在那个房间的东面，把剩下的一半加半个放在那个房间的西面，最后一个堵住嘴塞在床下。现在只要你告诉我，放在东面和西面的孩子各有几个，我就告诉你他们在什么地方。如果你还是那么笨，那就等着看悲剧吧！"

舒雷怎么也想不通，人怎么会有半个呢？这时，一个新来的警探说他知道，接着他说出了答案。摩斯顿时无奈地低下了头。

你知道新警探是怎样算出来的吗？

破案密钥　如果绑架来的孩子的数目是单数，那么加上半个人……

找金笔的凶手

难度指数：★★★★☆

位于贝当大街布鲁克巷3号的旅馆的一个客房里，除了警长莫纳汉和名侦探哈莱金外，还有一具女尸。那是一位妙龄女郎，被水果刀捅入背部致死。

"她是吕倍卡·兰恩，"警长向哈莱金介绍情况，"她上周才与大卫号船长西奥多·兰恩完婚。昨天西奥多刚起程前往夏威夷，他们在第三大街有一套小巧的单元房。"

"有嫌疑对象吗？""可能是查理·巴尼特。吕倍卡曾与巴尼特相好，但最后选择了西奥多。""让我独自去拜访一下巴尼特吧！"哈莱金说着故意将一支绿色金笔扔在门口。巴尼特独自住在他的加油站后院。哈莱金进门就问："你知道吕倍卡被人杀了吗？""啊！不知道。"巴尼特气喘吁吁地说。

"嗯，不知道就好。"哈莱金说，然后他伸手到上衣袋中欲摸笔作记录："噢！糟糕，我的金笔一定是刚才不小心掉在吕倍卡的房间了。我得马上去办另一件案子，顺便告诉警方你与此案无关。你不会拒绝去帮我找回金笔，送到警察局吧？"巴尼特看上去似乎很犹豫，但他最终耸耸肩膀，无可奈何地说："好吧。"

当巴尼特将金笔送到警察局时，他立即就被逮捕了。

巴尼特找到金笔的过程到底透露了什么秘密？

破案密钥 因为巴尼特找到了金笔，所以……

杀人凶手浮出水面

11月29日晚上，纽约午夜时分，大道旁边的一座公寓却突然之间火光四起，浓烟滚滚。住在这座公寓里的尤金森先生仓皇地逃了出来，但这座公寓里的另一位住户埃顿先生却没有那么幸运，他成了这场火灾的唯一遇害者。

但是，事情好像没有那么简单。当大火被扑灭后，人们找到了埃顿先生的遗体，经法医验尸发现，他在起火前就已经死亡了，是被人用刀刺中心脏致死的，并且还在他的房间里发现了一个定时引火装置。很显然他是被人谋杀的。

于是，很多人便将目光聚到尤金森先生身上，因为当时公寓里就只有他和埃顿两人。但当怀特警长找到他时，他却哆哆嗦嗦地说："今天，我因为有点事所以很晚才回来，当时我看到埃顿已经熟睡了，于是就回到自己的房间。但我刚躺下不久，便因胸闷而醒来，发现四周竟然弥漫着烟雾，我就急忙大声喊埃顿，然后跑到室外。而且，这事很多人都知道。"

尤金森先生刚刚搬进这座公寓，与埃顿先生之间并没有交恶，所以他似乎没有作案动机。

经过一系列调查，怀特警长相信尤金森先生并不是凶手。所以他将调查的重点放到了平素与埃顿不和的盖文森身上。

面对怀特，盖文森显得很从容，他平静地对怀特说："我就知道你们会怀疑我，但我还收到过一封邮局送来的恐吓信呢。"说完，他便拿出一封信，递给怀特警长，上面写着："我知道你是刺杀埃顿的凶手，如果你不想被人知道，必须在11月29日23时，带上10万英镑，到某某车站的入口前，我联系你。"这时，离案发时间只有3小时。

聪明的怀特警长立刻发现了凶手。真凶到底是谁呢？

破案密钥 案件刚发生，恐吓信却……

博物馆里的窃贼

难度指数： ★★★★☆

某地最大的一家博物馆失窃了，并且丢失了几件极其珍贵的文物。

原来博物馆最近正在展出一尊刚出土的玉佛。这尊玉佛距今已有一千年的历史，而且是用上好的翡翠制成的，稀有名贵、价值连城，吸引了众多游客前来观赏。

这天下午，乌云密布，看上去像快要下雨的样子，但是仍然有很多游客来博物馆观赏。一个窃贼混在游客中间，一手拿着雨伞，一手拿着相机，装作游客的样子随着人流进入了博物馆。他趁没人注意的时候，偷偷躲进了展厅红色帷幕的后面。

窃贼一直等到晚上保安人员清完场，展厅内空无一人的时候，才悄悄地从帷幕后面走出来。他从雨伞中抽出特制的工具打开装着玉佛的玻璃柜的门，用一尊假玉佛替换了真玉佛，然后又躲进帷幕后面。

第二天一大早，虽然下起了大雨，但是仍然有很多游客打着伞冒雨来博物馆参观，阿拉贡斯探长和同事也来到博物馆观赏玉佛。

他们刚刚走到博物馆门口，就看到那个窃贼从博物馆里出来。他刚撑开雨伞，就被阿拉贡斯探长拦住，问道："你昨晚躲在博物馆里干什么？"窃贼否认说："我是游客，今天也是刚刚到博物馆。你怎么说我躲在博物馆里？小心我告你诬陷。"

看到窃贼百般狡辩，阿拉贡斯探长冷笑一声说道："不要以为你的谎话能骗得了我！"博物馆的保安人员闻声赶来，果然从窃贼的口袋里搜出了那尊玉佛。这些保安人员非常佩服阿拉贡斯探长，他们怎么也想不明白阿拉贡斯探长是怎么从众多的游客中一眼就认出窃贼的。

你知道阿拉贡斯探长是怎么认出窃贼的吗？

破案密钥 如果外面下起了大雨，那么……

侦探小说掠影

马科斯·卡拉多斯，出生于美国贵族之家，是厄内斯特·布拉默笔下的盲人侦探。马克斯·卡拉多斯年轻时与朋友外出郊游，不幸被树枝扎瞎了眼睛。但这场悲剧却使他的感觉变得格外灵敏。指尖如同眼睛，可鉴别古币、信件与印刷品。他有一位名叫帕金逊的男仆，此人不但身怀绝技，而且是过目不忘的天才，主仆两人搭档，侦破了不少疑案。马克斯·卡拉多斯因是个盲人，在破案时不会被假象所迷惑，善于运用推理抓住案件的核心，很了不起。平时黯然无光的眼睛，一旦来了灵感，其中就仿佛闪过一道彩虹，于是案情就水落石出了。

作曲家被害

难度指数：★★★★☆

一天，李丁探长去拜访友人——作曲家雄一，李丁到雄一的公寓时是晚上9点左右，一场不小的骤雨是十五六分钟前才停的。探长正要敲雄一家的房门，突然门从里面开了，歌手红木赤郎脸色苍白地跑了出来。

"探长先生，不得了啦，雄一先生被杀了！"他用颤抖的声音喊叫着。

大吃一惊的探长拔腿跑进屋里。雄一被击中头部，死在卧室里，看起来像是凶器的一个啤酒瓶子滚在一旁。尸体还有体温。

"不会是你干的吧？" "岂有此理，我来这里时他已经死了，因为门没有锁，我便无意中走了进来，一看……"红木赤郎说。

"你是几时来这里的？"

"仅四五分钟前。"

"报警了吗？"

"没……"

"那么，你为什么想溜走呢？"

"我过几天就要上电视了，不想受牵连。"红木赤郎难为情地说。

探长用卧室的电话立即报了警。几分钟后，警车到了，接着搜查主任小西警部也来了，开始对现场进行勘查。

歌手红木赤郎接受了警部的盘问，他又重复了一遍方才说过的话后说："警部先生，我需要马上去趟电视台。"

"去吧。"小西警部爽快地应允了。

探长将之后的搜查交给警部，而自己则和红木赤郎一同回去。

红木赤郎的车停在公寓的里边，当他钻进车子插入钥匙，熟练地启动车子时，挡风玻璃上的刮水器也同时动了起来。他赶紧关掉刮水器，正要开车时，一直跟在后面的探长突然出现在他的车前。

"你给我下来！"

"什么？为什么？"红木赤郎呆住了。

"因为凶手就是你。"探长一口咬定说。

这是为什么？

破案密钥 因为刮水器没关

你肯定不知道

请看一则笑话：

有个官吏要手下人去送一件紧急公文。他怕这个人用两条腿走路太慢会耽误急事，就拨给他一匹马。这个人就跟着马一起走。有人问："那么急的事，你为什么不骑马去办呢？"这个人回答说："六只脚走路不是比四只脚走得快吗？"

这个人是这样推理的：

如果脚多，那么就走得快；

人和马一起走脚多；

所以，要比人骑马走得快。

7发子弹的左轮手枪

难度指数：★★★★☆

一天，有5个歹徒手持6响左轮手枪，从富国银行抢走200万美元后向城西逃窜。银行的保安部长雷顿闻讯，骑上摩托车向目标追去。

由于雷顿走时忘了带手枪，保安部的凯利马上招来几名保安，开车前去援助。一阵枪声将他们引到了荒无人烟的山沟，等他们赶到时，只见5名歹徒倒在地上已经死了，雷顿的左臂也受了伤。凯利忙从地上拾起被抢的钱箱，搀扶着雷顿，胜利而归。当晚，富国银行为雷顿举行庆功会，刑警队长麦斯也被邀请来了。宴会上，银行董事长举杯感谢雷顿，并请他向大家介绍勇斗歹徒的经过。

雷顿面带微笑，走到台前："我追上时，他们正准备分赃，一个望风的歹徒发现了我，朝我连开两枪，打中我的左臂，我冲上去夺过了手枪，一枪将他打死。另外4个歹徒一看全向我扑来，我躲在岩石后连开4枪，将他们打倒在地。之后，援助的人马就到了……"

话音未落，麦斯神态严肃地走到雷顿面前说："你演的戏该收场了，你和那帮歹徒其实是一伙的！"嘉宾们听了，大惊失色。

经过审讯，雷顿果真是歹徒的同党，他独自去追，其实是去分赃，后来见援助的保安人员赶来，因怕露出马脚，便打死了同党，又故意打伤了自己。

麦斯是如何发现雷顿是歹徒的同党的？

破案密钥 开枪的次数、子弹的数目

贪财的瞎子

难度指数：★★★☆☆

古时候，有一个瞎子，靠给人算命骗钱。他戴着一副墨镜，扛着招揽生意的幌子，上面写着"替人算命，为你免灾"。那时候的人大多很迷信，碰到考状元啦，生孩子啦，造房子啦，都来求他算命。那个瞎子可贪心啦，他故意装神弄鬼吓唬人，骗了很多的钱。

有一天，算命瞎子要到一个小镇去。那小镇隔着一条河，去那里要经过一座独木桥。他摸索着走上了独木桥，那桥很陡很窄，又有些年月了，走上去摇摇晃晃的，瞎子害怕得腿都抖了。正在这时候，有个农夫赶集回来，他肩上搭了一块新买的红布，也走到了桥上。他看到前面有个盲人就好心地说："你眼睛不方便，我背你过去吧。"算命瞎子一听，可开心啦，赶紧伏在农夫的背上。

农夫背着瞎子走着，瞎子摸到了那块布，心中马上起了坏念头。他偷偷地把布撕了个口子，等到过了桥，农夫放下瞎子，瞎子竟然拿了布就要走。农夫责问他："我好心背你过河，你怎么能拿我的布呢？"瞎子却一口咬定，说布是他新买的。

县官审理了这个案子。他问农夫和算命瞎子："你们都说布是自己的，有什么证据呢？"算命瞎子赶紧抢着说："我有证据，我在拿布的时候，不小心撕了个口子。"县官一看，布上面果然有个口子，便说："这么漂亮的一块白布，撕坏了真是可惜啊！"算命的马上说："是呀。为了这块白布，花了我很多银子呢！"他的话音刚落，县官便知道，算命瞎子就是骗子。

为什么听了算命瞎子的话，县官就知道他是骗子呢？

破案密钥 布的颜色

一个精心安排的谋杀现场

难度指数： ★★★☆☆

用完晚餐后，大侦探罗波正和汉普斯警长在树林的帐篷中聊天，乔治突然闯了进来。"快点，警长，"他上气不接下气地说，"卡尔被人杀死了！"在赶往乔治与卡尔的露营地的途中，乔治叙述了凶杀案的经过：

"1小时前，我和卡尔正准备喝咖啡，树林中突然钻出两个人，我们以为他们是猎人，便邀请他们来共享咖啡，谁知他们却要抢劫。卡尔自恃身高体壮，会几下拳脚，就扑向领头的劫匪，在搏斗中不幸被另一个家伙用枪托击中头部。两个劫匪把我们捆住，将我们身上的钱抢掠一空之后逃走了。我在岩石上蹭了很久才磨断绳索。当我解开卡尔的绳索时，发现他已经死了。想到你们也在这里露营，我就找来了。"

在乔治的露营地，罗波看到卡尔仰卧在快要熄灭的火堆旁，一条割断的绳子散乱地扔在旁边，另有一条较长的绳子，显然是捆乔治的那一条。两条睡袋和两个背包丢在地上，一块平坦的大石头上摆着两副杯碟和刀叉，杯中干净无物。

罗波仔细检查了一下尸体，得出结论："卡尔死于1小时之前，死因是钝器击碎颅骨。"在沉默之中，火堆上的黑色咖啡壶忽然发出声响，滚开的咖啡溢了出来，滴落在粗大的仍未燃尽的炭火上。

罗波打破了沉默，对乔治说："好一个精心安排的谋杀现场，可惜你犯了一个致命的错误！"

现场的什么东西让乔治的谎言露出了破绽？

破案密钥　滚开的咖啡

亨德森先生撒谎的**证据**

难度指数：★★★★☆

　　一天中午11点55分，为洗衣店送货的赫伯特驾车来到亨德森家，将车停在道上。

　　他大约用了10分钟填写上午的送货单，然后拿着一套礼服和一套西装下了车。

　　关车门时，他发现车子的前轮正好压在花园的胶皮水管上，水管的另一头通到屋后的车库。

　　于是，他将汽车向前开了几米远，开进了亨德森家空着的车库。

　　车库通往厨房的门正开着，亨德森太太倒伏在炉子旁边。

　　他赶快跑过去，试图使她苏醒过来。

　　正在这时，亨德森先生通过车库开着的门走了进来，扭住了赫伯特，指控他谋杀亨德森太太。

　　警方认为证据不足，指控难以成立。

　　亨德森太太经抢救虽已脱险，但精神失常，无法分辨凶手是谁。警长找到名探罗波请教。

　　罗波问："当时她的丈夫在干什么呢？"警长说："根据他自己的证词，他正好在后花园里浇水。他用胶皮水管给花坊和树篱浇了半小时水，发现一辆卡车开进了他的车库，于是走过去看个究竟。"

　　罗波马上准确地判断出：赫伯特没有说谎，倒是亨德森先生撒了谎。

　　你知道罗波侦探是凭什么疑点进行推断的吗？

破案密钥　如果车子压住胶皮水管10分钟，那么……

女明星不是自杀

难度指数：★★★★☆

影坛大明星山口申子不幸在一次意外大爆炸中炸瞎了双眼，又毁了容貌。

她的男友觉得，让她活着，实在是活活折磨她，便产生了结束她生命的想法。

于是他去委托好友，帮他处理这件事情，但要造成是自杀的假象，他的好友一口答应了。

晚上9点30分，护士查完病房离开了。

这位好友就悄悄潜入房内，将吃了安眠药后熟睡的山口申子抱至窗口，先留下她的指纹，然后将她扔了下去。

刚过了10点，那好友气喘吁吁地跑了回来，对山口申子的男友说："我已把事情完成得非常漂亮了，请你不必担心。"

这一晚，山口申子的男友睡了一个安心觉。

第二天一早，"山口申子之死"的消息占据了各大报纸的头条。

报道上称，警方确认山口申子之死并非自杀，而是他杀，并开始着手调查。

山口申子的男友拿着报纸的双手不禁颤抖起来，他急忙找到那个好友，问好友昨晚的事到底出了什么差错。

好友此时显得心平气和，他回忆道："没有什么差错啊，我潜入病房时，她面部都缠着绷带，睡得很香，为了制造自杀的假象，我特地在窗口上留下她的指纹……可以说，这一切做得天衣无缝，警方怎会准确判断是他杀呢？等等，你掐我一下，我难道是在做梦吗？"

你能猜出这位好友破绽出在哪里吗？

破案密钥 如果山口申子吃了安眠药，那么……

半个月前的晚上

难度指数：★★★★☆

农历七月十五的傍晚，警官王力给女儿过完生日，正准备出去时，电话铃响了，是警察局打来的，那边说："小王，快去金星画廊，那儿出事儿了！"

王力赶紧赶到了金星画廊。金星画廊是K市数一数二的商业画廊，里面有很多名画。王力赶到的时候，几个女服务员和主管站在一旁，他们都低着头，正在接受老板的严厉训斥。

"发生了什么事？"王力问。老板看见王警官，勉强挤出一点笑容说："画廊里价值百万的元代山水画丢了，而且已经丢了近半个月。"

"这么贵重的东西，怎么现在才发现丢了？"王力感到迷惑不解。

老板说："就因为那画太贵重，所以我们一般都不展示出来。今天有个大客户要买，可是我打开保险柜，却发现画不见了，取而代之的是一幅赝品。"

"保险柜由谁负责看管？"王力问。

"是我。"那个中年男主管说，"都是我的错，半个月前，画廊都已经关门了，我走得很晚，正准备锁门离开，忽然灯灭了，几个蒙面人出现了，拿着匕首要挟我，让我打开保险柜，我只得照做。他们拿了那幅山水画，还威胁我说，报警就杀我全家。我很害怕，怕被报复，怕被开除，又赔不起，就一直没敢说出来，只好拿了幅赝品放在那儿。"

"盗画人的形体相貌你能记清多少？"王力问。

"记不清多少了，他们当时不让我开灯，所以借着窗外的月光，依稀记得一个人手腕上有道长长的疤痕，还有……"

"行了，别说了，先跟我到警局走一趟吧。"

王力为什么怀疑主管有罪？

破案密钥 七月十五、半个月前

自杀的**股票交易员**

这是一个凄冷的黄昏，因为下了一下午的雨，整个城市的街道都湿漉漉的。

大侦探罗宾蜷缩在自己的沙发上，百无聊赖地盯着天花板发呆。最近没什么生意上门，如果是别人会乐得清闲，但他却不同，没有工作会让他浑身发痒，坐立不安。

他对自己说："不行，我一定要找点儿事情做。不然我会发疯的。"于是他拿起电话，拨了一个号码。

接电话的是一个中年男子，他的名字叫韦德，是罗宾的好友，同时他也是当地的警察局局长。

"嗨，罗宾，我正忙着呢。"韦德一边和罗宾说话，一边指挥着别人，"杰克，你去盘问一下楼下的邻居，看看能不能有更多的信息。"

罗宾从电话中听出韦德正在案发现场，于是他兴奋起来。

"老兄，你在干吗？"罗宾试探着问。

"还能干什么！一个家伙用枪轰掉了自己的半个脑袋。"

"你在什么地方？"罗宾迅速找出纸笔。

"你想干吗？你要过来吗？别，我们可付不起你这名侦探的出场费。"韦德半开玩笑地说。

"这次是免费的。"罗宾笑着说。

按照韦德给的地址，罗宾很快就来到了案发现场，这是一座半新不旧的公寓楼，位于城市的北部。因为接近中心商务区，所以很多在商务区上班的商界精英都在这里面居住。

罗宾的到来让韦德很开心，毕竟罗宾破过很多著名的大案。但他又有些遗憾，因为这不过是一个十分明显的自杀案。

经过韦德的介绍，罗宾得知，死者为一名30岁的男子，职业为证券公司的股票交易员，死因是枪击——一把精致小巧的勃朗宁手枪放在死者手边，右侧太阳穴处有一个汩汩流血的弹孔。

"初步推断，死者因为挪用了客户的一大笔资金去炒股票，结果血本无归，所以自杀。"韦德说。

罗宾来到死者跟前，死者死状十分凄惨，地上垂落了一个枕头，应该是开枪时挡在脑袋旁的。

罗宾没再检查其他地方，他拍了拍朋友的肩膀，说："他不是自杀，是他杀。"

为什么大侦探罗宾会这样说？

破案密钥　枕头在枪击现场的作用

  侦探小说掠影

《无罪的罪人》〔美〕斯考特·杜罗著，是律师悬念小说的经典之作。男主人公拉斯迪是一位资深且极为优秀的首席检察官，由于工作的关系他经常接触到一些令人心痛的社会弊端以及各式各样的犯罪。为揭露司法制度的阴暗面，他暗中操纵，不惜以身试法……结局出人意料，绝对震撼！

冬夜 "目击者"

难度指数：★★★★☆

在一个雪花纷飞的冬夜，A公寓303号房间的单身女郎被人杀害了，凶手作案时间为当晚10点。警察在案发半小时后即赶到现场。虽然从窗缝里不时吹进冷风，但因为屋子里有暖气，所以室温还是相当高的。电灯依然亮着，宽大的玻璃窗上只掩着半边窗帘。

与这扇窗子相对的是20米外的B公寓，在这幢公寓的3层楼上住着一个年轻人，就是他及时向警方报的案。他曾目击一个金发男子杀死那个女郎。警方根据描述，找到了那位金发男子，原来他是女郎的男友。这位男友要求与证人当面对质，并对证人说："几个月前，我就发现你鬼鬼祟祟地偷看我女友的房间。"

"你胡说，这完全是报复！"

"这么说，昨天晚上你是偶然向303房间看了一眼，凑巧发现我在作案，对吗？"

"是的，因为房间里的灯很亮，窗帘又没有全拉上，因此我从20米外清清楚楚看到了你干的一切。"

金发男子却突然放声大笑，然后说："你错了，你完全是撒谎，你根本什么也没看到，因为凶手就是你！"

年轻人听完这些话，脸色骤然变得十分苍白，在金发男子说出一番道理之后，年轻人只得低头认罪。

金发男子说的是什么道理呢？

破案密钥　温差

你肯定不知道

完全归纳法

由于观察研究了某一类事物中的每一个事物，发现它们全都具有某种性质，无一例外，从而推出这类事物的全体都具有这种性质，这种归纳推理叫完全归纳法。例如：

水星、金星、地球、火星、土星、木星、天王星、海王星都是按照椭圆轨道绕太阳运转的。这八大行星是太阳系中已发现的所有行星。因此，太阳系发现的所有行星都是按照椭圆轨道运转的。这个推理就是用的完全归纳法。其推理形式是：

是P

是P

……

是P

（……是S类中的全部事物）

所以，所有S都是P。

帕森尼小姐家的"盗窃案"

某天晚上，萨勒·赫尔忽然听见邻居帕森尼小姐的呼救声："救命！救命……站住，小偷！我被盗啦……"萨勒·赫尔马上冲出房间。这时，其他的邻居也一齐冲了出来。大家见帕森尼小姐正在走廊里乱撞，嘴里大声嚷着。她的灰色的头发湿漉漉的，蓝色的浴衣下露出的双腿上还滴着水珠。

萨勒关切地问："帕森尼小姐，到底发生什么事啦？"

帕森尼小姐哭诉道："啊，太可怕了……那张该死的脸！他拿走了我的'毕加索'……可能还有别的东西，我还没来得及清点。"

邻居们知道，帕森尼小姐在艺术品收藏上花了一大笔钱，所以很替她惋惜。

萨勒让帕森尼小姐讲详细一些。

帕森尼继续哭诉道："天啊，要是我不让卧室的窗户开着多好啊！我从不那样做，可这次……噢，他的脸！我当时正在浴室里淋热水浴，所以没听到他的动静，浴室的门窗都关得紧紧的。我关上水龙头，走出浴池，穿上浴衣。我站在浴室门前，刚要刷牙，门被撞开了，他在那儿！当时我吓呆了，转不过身来，可我在镜子里看到了他那张肥大、通红、粗糙的脸。他竟然咧嘴笑了……嘴里只有几颗牙齿，那笑容太狰狞可怕了。我以为他要杀了我！可他只是咧了咧嘴，随手用力关上门，门关得紧紧的，我费了一两分钟时间才把门推开。一出浴室，就看到墙上那幅毕加索的画不见了。"

"帕森尼小姐，请到我的房间里来，瞧瞧我们能干些什么。"萨勒说着，扶着哭哭啼啼的女人进了自己的房间。

门一关上，她把帕森尼小姐让到一张椅子上，说："现在，打起精神来，和我说点实在的吧。如果你需要钱，干吗不把那幅画卖了？或许你是想等到领取了保险金之后，再和你的同伙卖掉它吧？"

帕森尼小姐愣了一下，生气地问萨勒："你凭什么怀疑我的话？"

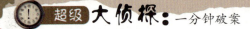
萨勒笑道："因为你的话中有破绽。"

你知道破绽在哪儿吗？

**破案
密钥** 　水蒸气

侦探小说掠影

　　爱伦·坡（1809-1849），被誉为"侦探小说的鼻祖"。其小说怪异离奇，充满恐怖气氛。小说有《怪诞故事集》《黑猫》《莫格街谋杀案》等。论文有《写作的哲学》《诗歌原理》。爱伦·坡1841年发表的《莫格街谋杀案》是最早的侦探小说，内容为密室凶杀，凶手居然是猩猩，这部小说塑造了业余侦探奥古斯特·杜宾这一艺术典型。

敲错门的小伙子

难度指数：★★★★☆

夏威夷是一个美丽的地方，每年来这里度假的人络绎不绝。

米高探长今年也来这里度假，他住在海边一座四层楼的宾馆里。这家宾馆三四两层全是单人间，他住在404房。

这天，游玩了一天的米高草草吃了晚餐便回到房间，想洗个热水澡，早点休息。正当他走进浴室准备放水时，听到了两声"咚咚"的敲门声，米高以为是敲别人的房门，没有理会。一会儿一位陌生的小伙子推开房门，悄悄走了进来。原来米高的房门没有锁好。

小伙子看到米高后有些惊慌，但很快反应过来，彬彬有礼地说："对不起！我走错房间了，我住304。"说着他摊开手中的钥匙让米高看，以证明他没有说谎。米高笑了笑说："没关系，这是常有的事儿。"

小伙子走后，米高马上给宾馆保安部打电话："请立即搜查304房的客人，他正在四楼作案。"保安人员迅速赶到四楼，抓到了正在行窃的那个小伙子，并从他身上和房间里搜出了首饰、皮包、证件、大笔现钞和他自己配制的钥匙。

保安人员不解地问米高："探长先生，你怎么知道他是窃贼？"米高笑了笑说："等我洗完热水澡后再告诉你！"

你知道这是怎么回事吗？

破案密钥 敲门

一条黄色工装裤

拉克斯通摩托车大赛是英国最引人注目的比赛。经过几天激烈预赛，夺魁呼声最高的是开麦基车队和乔纳费希车队。

决赛前夕，整个营区万籁俱寂，只有4个摩托车队的营地里还透出暗淡的灯光。他们是紧挨在一起的格拉迪科队、开麦基队、苏扎基队和在他们上游处、相距200米的乔纳费希队。

就在这时，一个黑影蹿进开麦基队的车库里，不一会儿，一声脆亮的金属落地声惊醒了开麦基队的汤姆。他刚要蹑手蹑脚去抓，只见那黑影从通风管爬出，眨眼工夫，黑影直奔河边，等汤姆赶到河边，黑影早就无影无踪了。不过，汤姆还是有收获的，他在通风管口捡到一块黄色的布料碎片。

半小时后，莫里斯警长赶到现场。他召集来4个车队的队长，指着碎片

对格拉迪科队队长说："这是从你们车队的人穿的工裤上撕下来的，这不会错吧？"格拉迪科队队长点点头，说："这里一定有鬼，前几天我们多余的工装裤全给偷了。"

正说着，从门外走进一个瘦子，他右肩上扛着渔具，左胳膊上挂着一捆湿淋淋的东西，说："有人要我把它交给莫里斯警长。"

莫里斯接过来，打开一看，是一条黄色工装裤，裤腿上有一个破洞，与那块碎片正好吻合。

"先生，你是从哪儿弄来的？"莫里斯问道。

"我是乔纳费希队的杰克，我在靠近我们队营地的河边钓鱼时拾到的。"

"什么时候？"

那人想了想说："15分钟前，我正在甩鱼钩时，忽然看见这玩意儿从开麦基队营地方向漂过来。"

格拉迪科队队长一听，说："明显的栽赃，这是开麦基队惯用的方法！"开麦基队队长气得满脸通红，说："我们疯了？自己给自己拆台？"

莫里斯警长制止了他们的争吵，说："罪犯就在我们中间，我已经发现了他。"说完，莫里斯犀利的目光直朝那人射去，那人无可奈何地低下了头。

你知道罪犯是谁吗？

破案
密钥　　上游

探照灯照明了真相

深夜，警官杰克从睡梦中被惊醒——牵牛花购物中心保安打来电话，说商场被抢劫了。

杰克迅速赶到牵牛花大厦，发现西侧二楼的首饰店和一个超级市场被抢劫，现场乱成一团。

经过一番查看，杰克警官发现超市损失不大，只是首饰店损失惨重，可谓被洗劫一空。

杰克看到哆哆嗦嗦的保安，说："你现在能够配合警方，讲一讲当时的情况吗？"

保安结结巴巴地说："当时来了七八个人，有的拿着手枪，有的拿着刀，他们直奔珠宝店，将所有的首饰都装进准备好的黑色口袋中，然后又到超市拿了些食物，就逃走了。"

"在此期间，你在做什么？"

"他们中有一个人拿枪指着我，让我把头低下。所以，我一动也不敢动。"

"那你看到他们长什么样子了吗？"

"看到了，首先进来的是一个白人，身材不高，面目也很清秀，鼻翼处有一颗痣。"

"当时光线好像不很强吧？你能看到他有一颗痣？"

保安不好意思地回答："当时我睡着了。他们一进来，就打开探照灯照向我，我一下就惊醒了，所以才看到的。"

"你是他们的内应，对吧？跟我们走吧！"杰克严厉地说。

杰克如何知道保安是内应的？

破案密钥　一颗痣

 你肯定不知道

犯罪心理学？好深奥的名词啊！

是有点深奥！不过只有四句话，你能耐着性子读完吗？

它是研究影响和支配犯罪人实施犯罪行为的心理结构形成、发展和变化规律以及犯罪对策的心理依据的一门学科，是一门介于犯罪科学和心理科学之间的交叉学科，它从心理学角度研究犯罪人形成犯罪心理和发生犯罪行为的原因、过程和规律，为公安司法机关揭露和惩戒犯罪以及预防犯罪、矫治犯罪提供心理科学的依据和方法。

瞄准目标的秘密

难度指数：★★★★☆

这是日光灯尚未普及的时代发生的事。

在冷雨霏霏的夜晚，一位受到上司训斥的女间谍回到大楼私宅。她的心情非常不好。她是一个非常敬业而且非常上进的间谍，但是却经常受到这位脾气暴躁的上司的训斥。

众所周知，间谍这种工作是需要头脑清醒、善于控制情绪的人来做的。她想到这里不禁打了个寒战，她在心里说："今夜，我的坏情绪难道真的要给我带来什么厄运吗？"

是的，一场由她的对手精心策划的谋杀正在紧锣密鼓地进行！

她迈步进入寝室，想要早点洗漱一下，好在温暖的床上美美地睡上一觉。可是，当她像往常一样按下门边的开关时，电灯不亮！

女间谍觉得天花板的灯泡很奇怪，于是，她就重开了一次开关，灯泡还是不亮！

怎么回事呢？她迅速思考了一下，认为是灯泡接头处变松了。她站上凳子去拧紧灯泡。

就在灯泡拧紧的一瞬间，电接通，灯泡亮了。

然而，就在这一瞬间，"砰"的一声枪响，她被击毙了。

事后警方的调查显示：凶手是从30米外的大楼发射子弹的！

可是，寝室的窗户有一层厚窗帘，即使她开了灯，凶手应该也看不到她的影子。

为什么杀手只发射一发子弹就将女间谍击毙了呢？

破案密钥 灯泡的高度是固定的

古堡凶杀案

难度指数： ★★★☆☆

　　立昂是位亿万富翁，最近他买下了一座古堡。财大气粗的他别出心裁地将古堡改造成古色古香的酒店，立即吸引了不少游客！

　　很快，立昂靠着自己出色的经营办法，发了大财！但让人感到惊悚的是——酒店经常发生神秘的自杀事件！

　　但这似乎并不妨碍立昂挣大钱，许多好奇的游客纷纷冒着生命危险住进了酒店，就是为了追求新奇和刺激！

　　眼看着自杀事件愈演愈烈，神探亨特和助手乔装以后，住进了酒店，决心查明真相！

　　立昂热情地接待了他们，他将他们安排在第五层的508房间。当三人来到第五层时，亨特看见房间旁边有一扇大铁门，便问立昂："那是什么地方？"立昂得意扬扬地说："想参观吗？来，先生，请帮我拉一下。"于是，两人一起用力拉开了沉重的铁门！

　　铁门内是一个漆黑的无底洞！

　　立昂笑着介绍说："这个洞是500年前用来处死犯人的，最近有些客人也跳进这个洞里自杀了。"三人退了出来，关上铁门。

　　进了508房间，亨特悄声嘱咐助手要注意立昂。

　　晚上，关灯之

后，亨特和他的助手和衣躺在床上，恐怖的气氛弥漫了整个房间。半夜时分，就在亨特和他的助手有点困意的时候，门外突然传来一声撕心裂肺的惨叫声！

亨特一个箭步冲出房间，只见那扇铁门大开着，洞里黑漆漆的，阴森森的。一会儿工夫，不少游客聚拢过来，大家议论纷纷。

这时，立昂从自己的卧室走了出来，他难过地说："唉！306房间的客人想不开，跳下去自杀了。"

亨特的助手打断他说："住口！这是谋杀，你就是凶手！这门一个人根本拉不开，他怎么会打开铁门跳下去自杀呢？"

"那你凭什么怀疑是我杀了他呢？"狡猾的立昂反问道。

神探亨特对大家说了一番话，立昂马上像泄了气的皮球一样瘫在地上。

你知道神探亨特说了些什么吗？

破案密钥　　306、黑漆漆

侦探小说掠影

　　每种花的开花时刻不同，利用这一点，可伪造不在场证据。例如，山村美纱的短篇《月下美人杀人事件》，正如书名一样，凶手利用"月下美人"杀人。"月下美人"是仙人掌的一种，会开出直径15厘米左右的纯白花朵。夏夜里，只有一晚，从晚间8点左右开始开花，4小时后花就谢了。犯人以月下美人开花时刻为背景照相，作为自己不在场的证据。

老金汉斯的老邻居

难度指数：★★★☆☆

在一个月黑风高的夜晚，海力警长驱车刚刚检查了两个街区，正经过某住宅区。

突然，他发现路旁似乎躺着一个人！

海力下车一看，那人浑身冰冷，早已气绝身亡。

借着手电筒的微光，他看见死者的脖子上留有明显被勒的痕迹。那痕迹是一道一道的，弯弯的。

海力警长茫然四顾，正在这时，附近住宅走出一个人来！

他装作没看见海力警长，像一个按照剧本进行演出的演员一样，走上前弯腰一瞧尸体，忽然，惊恐地喊了起来：

"啊，这不是老金汉斯吗！我早就料到会出这种事，我早就警告过他！他固执得像铁桶，我说什么他都不听！"

"你警告过他什么？你是谁？"

海力警长紧追不舍地问。

"我警告他不要总是把金币弄得叮当响。我是罗蒂芬，老金汉斯和我是20年的老邻居了。几分钟前，我见他走过去了。唉，他总喜欢把他的金币弄得叮当响，好像特意要招人抢劫自己似的。"

"那金币值钱吗？"

"钱倒值不了多少，可是老金汉斯总是把它当护身符。我告诉过他，叫他小心点的！我们看一下，金币有没有被偷走。"

海力警长再次检查了老金汉斯的尸体，从裤子的右边口袋里发现了一枚金币，此外口袋里只有1美元的纸币。

海力警长似乎明白了一切，他迅速地将手铐套在罗蒂芬的手上。

"对不起，你可以保持沉默，也可以联系自己的私人律师！但现在，请你和我到警局走一趟！"

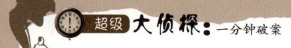
他逮捕了罗蒂芬。

海力警长逮捕罗蒂芬的依据是什么？

**破案
密钥**　　叮当响、一枚金币

你肯定不知道

　　逻辑学就是关于思维规律的学说。有时逻辑和逻辑学两个概念通用。逻辑和逻辑学的发展，经过了具象逻辑、抽象逻辑、具象逻辑与抽象逻辑相统一的对称逻辑三大阶段。对称逻辑是逻辑学发展的最新成果，是辩证逻辑发展的高级阶段，是具象逻辑与抽象逻辑相统一的、逻辑学发展的最高阶段。对称逻辑学就是对称逻辑的概念、范畴与范畴体系。

一道**数学题**

难度指数： ★★★★☆

刑警强尼在火车站一带巡逻。

忽然，他看到一个中年人带着4个小孩，看起来，这些孩子很害怕那个中年人。

强尼觉得很奇怪，便一路跟着他们。

中年人带着孩子上了火车，强尼也上了火车，并在他们对面坐下来。

为了了解情况，强尼只好装作很热情地跟中年人搭讪。

中年人自称是一所学校的数学老师，这4个孩子都是他的学生，这次他是带孩子们去参加数学竞赛。

4个小孩的表情变得怪异起来，他们有的露出惊讶的表情，有的显示出愤怒的样子，有的则面无表情，但有一个孩子忍不住轻声笑了起来！

"数学竞赛"这个美好的词汇一下子唤起了强尼对自己中学时代参加数学竞赛获奖的愉悦心理记忆。

强尼装作若无其事的样子问了一句："他们都多大了？"

中年人故意摆出一副数学家的架子说："他们的准确年龄相乘等于3024，而且他们4人一个比一个大1岁，你来算算看。"

强尼知道，这中年人故意为难他。

于是，他亲切地问其中一个孩子："小朋友，你几岁了？"

中年人不等孩子回答，马上接过话头："你猜不出来了吧？他是我儿子，今年5岁了。"

谁知，中年人的话音刚落，强尼就用手铐把他铐了起来。

这是为什么？

破案密钥 3024、5

找到装有毒品的木头

圣马丁警官是K国缉毒部门的负责人，他抓捕了许多毒贩，所以毒贩们都不敢在K国贩毒，于是一些毒贩潜逃到与K国接壤的L国边境。

圣马丁的缉毒分队只能对自己国境内的犯罪活动进行打击，不能越界抓捕罪犯。于是。圣马丁组织了一个代号叫"袋鼠"的秘密行动，决定趁着夜色，快速到毒贩在L国的藏身地点，一举把所有毒贩都缉拿归案。

当然这个行动必须要快，否则惊动了L国的话，将引起外交上的麻烦。

这天夜晚，圣马丁和缉毒队员们悄悄潜入L国境内，在不到1分钟的时间里，把毒贩全部抓获。

但是毒贩们把毒品藏在了7根大木头中的1根里，而这1根是挖空藏毒的，可是到底是哪1根呢？

一个下属提醒圣马丁，装毒品的木头会比普通木头轻，可以用现场的一块

钢板和一个水泥墩做成简单的天平，逐个检验。但是他们没有时间一根一根地测量，圣马丁思索了一下，用最简单的方法完成了7根木头的比较，找出了藏毒品的那根木头。

　　你知道最少称几次，可以把装有毒品的木头找出来吗？

破案密钥　两次

 侦探小说掠影

　　《时间的女儿》〔英〕约瑟芬·铁伊著。铁伊是20世纪30年代以来，推理史上第二黄金期三大女杰之一（另二位为阿加莎·克里斯蒂、多萝西·塞耶斯）。她一生只写有8部推理小说，部部精彩，是推理史上极少数一生没有任何失败作品的大师。本书是铁伊最著名的作品，属历史侦探小说范畴，曾在英国侦探小说作家协会票选中荣膺史上第一名。名侦探格兰特因为脚伤住院，偶然看到一张英王理查三世的画像，这张画像激起了他的兴趣，他要探究400年前的案件，寻求塔中王子的被杀真相……

火炉上的烤肉

比尔和妻子丽莎有一座不大的农场，他们没有孩子，生活过得逍遥惬意。他们除了去城里采购食物或者签订农作物买卖合同，基本上很少外出。

一天，当丽莎从城里采购生活必需品回到家时，发现比尔竟然死在了火炉旁边，他的胸口上插了一把匕首。

因悲痛而精神恍惚的丽莎立即报警，警察杰里奇过来后查看了现场：一个烤盆里有些无焰的炭块，上面烤着牛肉。托盘、刀叉、作料散放在一旁。杰里奇检查尸体后，确定比尔大约在一小时前被杀害。

根据农场的交通和人员居住情况，杰里奇立即展开了追捕，结果在方圆10里的范围内只见到一个人。杰里奇将这个人带到了凶杀现场。那人说自己是个旅行家，肚子饿了正找地方想吃饭呢。他见到火炉上的烤肉，伸手就拿，张嘴就吃。

"先生，慢慢吃。我只问你一个问题，你一小时前在哪里？"杰里奇一边打量这个人一边问道。

"我在这里迷路了，不知道在什么地方。反正应该在这个农场里。哎，警官先生，请等我吃完这块烤肉再跟你详细说。"说着他停顿了一下，从炭火中取出了一块烤肉，大大方方地放进了嘴里。

他的这个小动作被杰里奇看得一清二楚。杰里奇眼前一亮，然后把手铐拿出来说："先生，你的演技太差了，请跟我到警局走一趟吧！"

杰里奇是如何看出这个人是凶手的呢？

破案密钥 烤肉、吃

丢失的骨灰盒

船上发生了一起盗窃案，罗斯太太把3颗钻石放到骨灰盒中，现在骨灰盒不见了。

船长对游艇上所有进过罗斯太太舱房的人进行调查。

罗斯太太的女友里丽9点左右进舱同罗斯太太聊天。9点5分，服务员安妮进舱房整理，罗斯太太9点10分回舱房取外套，发现服务员安妮正在翻动她的行李，罗斯太太很生气，两人便争吵到9点20分。9点25分，里丽请罗斯太太去透一下气，罗斯太太因情绪不佳，没有答应。

9点30分服务员离开后，罗斯太太发现骨灰盒已不翼而飞了……正在船长思索之际，有个船员跑过来向船长报告说，他隐约看见船尾波浪中有一只小木盒。

船长赶到船尾一看，果然如船员所说。于是，他下令返航打捞。此时，是10点30分。

到11点45分船长终于追上了那只正在河面上顺流而漂的小木盒，立即把它捞了上来。经罗斯太太辨认，这个小木盒正是她丈夫的骨灰盒，可是骨灰盒中的3颗钻石却不见了。这时，船长细细地分析着刚刚记录下来的情况，然后他指着里丽说："把钻石拿出来吧！"

你知道船长是怎样断定钻石是里丽偷的吗？

破案密钥 计算逆流、顺流的速度和时间

破译藏宝箱

一家珠宝店在夜晚被一个强盗抢劫了，大约丢失了10箱珠宝，此案件立刻在全市引起了轰动，局长请来了非常厉害的波尔探长。

波尔探长分析："这批珠宝一定是被运往郊区的偏僻地带，所以我们应该去贫民区明察暗访。"

他们正走着，一个年轻人鬼鬼祟祟地走过来问："你们买珠宝吗？绝对便宜。"

"有一点儿兴趣。"波尔探长漫不经心地回答，又接着说，"如果珠宝货色好，我们全部买下。"

那人听说是一个大客户，于是带波尔探长来到了一个小胡同，在胡同里面还有一个年轻人，胡同里放了100个木箱子。

这个年轻人取出笔算了起来，他写道："？？？ + 396 = 824。"显然第一个数字是428，他打开428号箱子取出一条精美的项链。

忽然他看见了波尔探长腰间的一支短枪，吓得转身就跑，波尔探长没有抓住他。

现场只剩下开始带路的那个年轻人，他说："我什么都不知道，我是帮工的，拉一个客户给我100元。"

"还有呢？"波尔探长追问。

"我只知道东西在10个箱子里，他说过这些箱子都有联系而且都是400多号的。"

"联系？"探长琢磨起来，接着他发现了一个有趣的现象，把428换一下位置就是824，就是说其他数字也有同样的规律。

探长用了不到一分钟就找到了答案。

你知道探长是怎样找到答案的吗？

破案密钥 列出已知条件、找规律

你肯定不知道

数理逻辑又称符号逻辑、理论逻辑。它既是数学的一个分支，也是逻辑学的一个分支。是用数学方法研究逻辑或形式逻辑的学科。其研究对象是对证明和计算这两个直观概念进行符号化以后的形式系统。数理逻辑是数学基础的一个不可缺少的组成部分，虽然名称中有"逻辑"两字，但它其实并不属于单纯逻辑学范畴。

前胸与后背

南宋时，江西一带食盐缺乏。有一天，有位盲人买了半斤盐，正提着往家走，忽然盐被人猛地从手中夺走了。盲人大喊："捉贼！"听到有人跑去捉贼，盲人便顺声音追去。他追了不远，就听到四五个人的叫喊声和两个人的厮打声。等盲人走近，就听到一人说："你为什么抢人家的盐？"另一个人说："是你抢了人家的盐，还动手打人！"二人互相指责，又互相谩骂。盲人也无法分辨谁是好人，谁是抢劫犯。

众人正在七嘴八舌地议论时，恰巧湖襄提刑使宋慈路过这里，他见许多人围观争吵，便令人上前问明情况。宋慈手下有个办事干练的小吏，听后马上说："这事不难，古代有现成的案例，符融就曾经安排两人赛跑，谁跑赢了，谁是好人。"宋慈看见两人已经互相打得鼻青脸肿、伤痕累累了，认为二人赛跑赛不出真实的成绩，便说不行。

小吏忙回答说："大人如果担心负伤后跑的速度不真实，不如将二人押解回衙，等二人养好伤，再跑也不迟啊！"宋慈笑了笑说："何必这样麻烦呢？我自有办法。来人，将二人上衣脱掉，查看伤势！"手下人一拥而上，将二人衣服脱掉。只见一人鼻子流血，前衣襟沾满鲜血，胸部被打得青紫一片；另一个人被打得后背发青，还有指甲抓伤的痕迹。宋慈便冲那后背负伤的人说："这个就是抢劫犯，给我捆上带走！"众人一起上前，去绑那后背负伤的人。围观的人都用疑惑的目光看着这位提刑官。后来一审问，果然那人就是抢劫犯。

提刑官凭什么断定此人就是抢劫犯呢？

破案密钥　追赶者、伤口的位置

雨后的脚印

难度指数：★★★★★

　　星期五的早晨，在企业家法兰克别墅的网球场上，发现了法兰克夫人的尸体，死亡时间是星期四晚上8点左右。警方经勘查，认定死者是他杀，凶手是在离死者约1米之处将她枪杀，之后又制造了其自杀的假象。

　　作为案发现场的网球场，因星期四早晨下了雨，地面又湿又滑，所以被害人和凶手的脚印都清晰可见，穿的都是高跟鞋。但奇怪的是，来到现场的高跟鞋脚印只是一个人的，走出现场的高跟鞋脚印也只是一个人的，而两种脚印又差不多。

　　警方拘留了一名重大嫌疑犯。她是法兰克的女友——曾是某芭蕾舞团舞蹈演员的艾拉。因为在被害人法兰克夫人卧室的电话机旁留有一张字条，上

面写着：

晚上8点，和艾拉在网球场见面。

艾拉对警方的调查采取了沉默的态度。但即使她是真正的凶手，这案件还有一个不解之谜，就是怎么会只有一个人的脚印呢？

当然，不能认为她是由法兰克夫人背着来到网球场，而她在把人杀了后再逃走；而且，她这样一个矮小、窈窕的女人也背不动体重达70公斤的法兰克夫人。这样，最后只有一种解释，那就是凶手是踏着来现场的脚印逃走的。可是高跟鞋的脚尖和后跟都很小，要踏在来时的脚印上走而丝毫不露痕迹，是不可能的。

探长将自己的疑惑说给同为芭蕾舞演员的妻子听，妻子一边练着舞步，一边思索着。忽然，她大声笑了起来："哈哈，原来是这样。她竟然使出了这个高招。"

艾拉使的是什么高招呢？

破案密钥 芭蕾舞鞋、高跟鞋印的大小

侦探小说掠影

《亡灵舞厅》〔美〕东尼·希勒曼著，本书曾获美国1974年爱伦·坡最佳侦探小说大奖。希勒曼作品风格杂陈，兼具警察程序推理特色，在最受欢迎的男作家评选中，他甚至力压柯南·道尔，排名在达希尔·哈米特之后。他擅长写以美国印第安人生活区域为背景的侦探小说，作品充满异域色彩，正是由于希勒曼在作品中流露出同情印第安人的倾向，又把印第安人的生活描绘成世外桃源般美好，美国原住居民印第安人就视希勒曼为"自己人"，并将一块刻着"吾族之友"的匾额馈赠给他。

父与子

难度指数：★★★★☆

　　清朝康熙年间，忠若虚任余姚县令。他一天到晚坐在官府大堂上审理百姓的诉讼，到了半夜也不休息。无论事情大小，倘若有所冤屈，都可起诉。一经起诉，他就立即判断是非曲直，从不积压案件。

　　一天傍晚，一个中年人来控告其子不孝。忠若虚马上升堂，一审问，得知父子两代都是皮匠。据父亲控诉，儿子不守本分，家里常常缺米少柴。忠若虚闻听缘由，不禁心中有数，便慢慢地说："你们父子俩吃过晚饭没有？"父子俩都回答说："没有。"忠若虚闻言道："我这里有400文钱，你们两人各拿200文，吃了饭再听审。"于是父子俩拿了钱都出去了。

　　到了夜里二更天，忠知县突然宣布继续审案。忠知县先把父亲叫到堂上问道："这位父亲，200文你用去多少？"中年人回答道："还剩30文。"忠知县疑惑地又问道："现在菜很便宜，你只吃一碗饭，为何只剩30文？"中年人叩头说道："我有久治不愈的老毛病，饭后要吸一口鸦片烟，需用一钱左右，也在这里面开支了。"接着忠知县又传儿子上堂，问道："200文你用去多少？"儿子回答道："我只用去了30文，还有170文。"忠知县又是疑惑地问："你为什么要这样节俭呢？"儿子非常淡然地回答道："饭是饱肚子的，既然吃饱了就不用再花钱了。"

　　审讯完了儿子，忠若虚对父亲说："你的儿子只是一个皮匠，整天忙碌不停，还不足以供应你的需求，因此你就告他不守本分。现在本应惩罚你撒谎欺骗之罪，只是当着儿子的面给父亲用刑，你的儿子必不忍心，我也不忍心这样做。你立即回去，妥善处理好父子关系，努力做一个好老百姓。"父亲听了这段话，感动得抱着儿子哭泣起来，叩头拜谢而去。

　　忠知县凭什么断定是其父诬告其子的呢？

破案密钥　吃饭用的钱数

受冤枉的木匠

有个财主生病死了，他给三个儿子留下了一笔钱和县城里的一家钱庄。钱庄是赚大钱的地方，三兄弟都争着要当老板。最后，他们决定，三兄弟轮流当老板。可是都去县城的话，那笔钱放在哪里呢？老三说："村里的王木匠是老实人，就委托他保管吧！"两个哥哥都同意，可是又怕老三和王木匠勾结，私下里把钱拿走，就和王木匠写下了字据："三兄弟必须同时在场，才能把钱交还。"

三兄弟一起经营钱庄，整天你提防我，我欺骗你。没有多久钱庄就倒闭了，他们只好回家，打算把钱取出来分了。老三说："现在去取钱，王木匠肯定要收保管费，我倒有个办法，明天早上赶集的时候，我们当着众人的面，给他行礼致谢，他就不好意思开口收费了，下午我们再一起去取钱。"两个哥哥都觉得是好主意。

这天晚上，老三去见王木匠，说："我们三兄弟一起来取钱的话，人多眼杂不安全，所以明天早上赶集的时候，我们一起向你鞠躬，这就暗示三兄弟一致同意，由我做代表来取钱。"王木匠不知道其中有鬼，就同意了。第二天早上，三兄弟恭恭敬敬给王木匠鞠躬行礼。中午，老三就拿到了钱，逃到外乡去了。下午，两个哥哥找不到老三，就来找王木匠，这才知道上当了，他们找不到老三，就向县官报案，诬告王木匠勾结老三骗钱，还拿出字据，要王木匠赔钱。王木匠好心却没有好报，大喊冤枉。

聪明的县官看了字据，竟然对王木匠说："你先别着急，他们现在还没理由让你赔钱！"

这是为什么？

破案密钥　少了老三

生物学家之死

难度指数：★★★★☆

生物学家李教授清晨被学生发现死在自己寓所里，致命伤在头部。

据看大门的老头讲，最近没什么生人来。而且李教授家的大门没有被撬的痕迹，凶手很可能是熟人。客厅有激烈打斗过的迹象，桌子、沙发被弄得东倒西歪。

死亡现场在卧室内，里面只有一张床，一台电脑，以及一些生物学方面的书籍凌乱地堆放着，看来李教授平时很喜欢在卧室读文献或者是写论文。他躺在床上，右手死死捏着自己的护身符——一个玉白兔，左手紧紧抓住关于能量代谢的文章。

警方经严密调查，确定了3个嫌疑犯：

赵刚，李教授的表弟，一家食品厂的副经理。他找李教授借过50万，一直没还。

宇文途，李教授的朋友，一家减肥用品公司的主管。李教授抢了他的女朋友。

张军，李教授的同学，在一家蛋白试剂公司就职，当年他的留校名额被李教授抢了。

3人都有作案的时间。但是刘涛警长仔细看了现场后说："如果我没有猜错，凶手就是他！"

3个人中谁是凶手？

破案密钥 玉白兔、文章

生豆子和熟豆子

难度指数：★★★★☆

　　王恺是平原县的县令，一天，有个贩麦的商人来到衙门告状，说他夜里路过村子的寺庙前时，被一伙人抢劫了，但由于天黑，并没有看清楚强盗是什么模样，有多少人。

　　王恺听完贩麦商人的陈述后，并没有马上去抓盗贼。他想："如果官府去抓盗贼，由于没有确凿证据，不仅抓不到盗贼，反而容易打草惊蛇，盗贼必定会躲起来，短时间内不会再出来作案；即使抓到强盗，找到了麦子，但这种麦子是很普通的粮食，几乎家家都有，强盗要抵赖说这不是赃物，也难验证。"

　　于是王恺叫贩麦的商人先回家等候消息，并嘱咐贩麦商人一定不要操之过急。

　　过了几天，又有一个贩豆子的商人晚上走过那个寺庙，结果，豆贩子也遭了抢。

　　王恺就命一个士兵化了装，到寺庙去买豆子。士兵说要检验豆子的好坏，要和尚把所有装着豆子的袋子都打开。

　　士兵一袋一袋地认真检验，找了好一会儿，才挑选到了几袋满意的豆子。随后，士兵立刻就逮捕了这个卖豆子的和尚，把他押解回县衙。到县衙后，这和尚没有抵赖，交代了全部罪行。

　　从那以后，当地的盗贼们躲的躲、逃的逃，再也不敢作案了。

　　王恺是用什么方法抓获强盗的呢？

破案密钥　贩豆子的商人、买豆子的士兵都是王恺的人

男子的目的

难度指数：★★★★☆

纳什探长和侦探卡梅伦是好朋友。一天，纳什约卡梅伦晚上出来坐坐。晚上，纳什来到他们约好的酒吧。只见卡梅伦正在闷闷不乐地喝着酒，纳什上前打招呼："喂，朋友，你怎么看上去很不愉快的样子啊？"

卡梅伦看了看这个曾经与他合作过多次的警探，连忙回答："哦，是这样的，我正在工作。不过这次我却碰上了一个奇怪的事情，你来帮我分析分析。上个月，突然有个男子来到我的侦探事务所，给了我一张一个漂亮女孩的照片，要我跟踪这个女孩。他只要求我记录下女孩每天的活动，但是却给了我一笔相当丰厚的酬金。当时我也没有问他与这名女孩是什么关系，你也知道干我们这行本来就不应该多问。"探长纳什听后问道："那是不是在跟踪途中发生了什么奇怪的事情？"

卡梅伦说："恰恰相反，跟踪非常顺利，那个女孩首先去了山区滑雪，接着又去温泉休养，最后居然来到伦敦逛街。那个女孩每天不是看书就是看风景，根本看不出她有什么奇怪的地方。"

卡梅伦接着说："昨天我终于忍不住好奇，找了个机会与女孩攀谈起来。岂料，她说她是一个穷学生，遇到了一位好心男人，无私地给了她一笔旅费，让她四处游玩。于是我向她核实了那名男子的特征，发现委托我的那名男子与给女孩旅费的男子，竟然是同一个人。我真想不明白这到底是怎么回事。"纳什一听哈哈大笑："朋友，亏你还是侦探呢，这点小招数都想不明白。"卡梅伦一听，他立即就想明白了。

男子的目的到底是什么？

破案密钥 支开侦探，侦探事务所就没人了

提货单以外的**指纹**

难度指数：★★★★☆

春光街文化站为了丰富群众文化生活，从外地购买了8台彩色电视机。采购人员办好了铁路托运手续，将托运单寄回本单位。收到托运单，大家都非常高兴，吕主任立即叫秘书盖上了公章，派李义、张明两人蹬三轮车去提货。

两人到车站询问，得知货物还没有到。回来后，两人把托运单交给吕主任，吕主任叫秘书保管。秘书把托运单锁在抽屉里。吕主任开了半个月会，回来后得知电视机还没取来，马上又派李义、张明两人去提货。但当秘书打开抽屉时却找不到提货单，他的额头上沁出了黄豆大的汗珠……吕主任马上亲自到车站去查，结果彩电在5天前已被人提走了。

大家议论纷纷，托运单由秘书保管，谁能有作案的机会呢？张明说："听说秘书小舅子的女朋友要求结婚的条件是：必须要有冰箱、彩电……"秘书的神态也有了反常，做什么事好像都有点心神不安。

吕主任把此案报告了王科长，两人经过分析，认为是内部人作的案。王科长经过调查研究，初步判定作案者是秘书、李义和张明三人中的一个。从时间看，3人都有作案时间，王科长问起秘书抽屉的钥匙是否离过手时，秘书回忆很久才说，有一天他中午回家吃饭，把钥匙忘在办公桌上。不知道秘书这样讲是为自己开脱罪责，还是真的把钥匙忘在办公桌上了？

王科长决定用化验指纹的办法来确定作案者。可提货单上这3个人的指纹都有，又怎能确定出来呢？会不会是3人合谋呢？王科长经过反复思考，终于在提货单以外的地方找到了作案者的指纹，作案者是张明。

王科长是在何处找到作案者的指纹的？

破案密钥　铁路托运部门的提货手续

第三章

靠想象还原
案发现场

One
minute
detection!

阁楼门口的蜘蛛网

难度指数：★★★★★

　　纳罗森是一个抢劫犯，他心狠手辣，非常狡猾，曾经抢劫了中央银行，还杀害了两个保安。莫尔警长花了3年时间，才把他抓到。他被判了无期徒刑，关进了监狱。

　　这一天，中央银行又发生了抢劫案。根据现场遗留下的痕迹，警方发现罪犯的作案手法竟然和纳罗森一模一样。就在这时候，监狱传来一个惊人的消息：纳罗森越狱逃跑了，这次抢劫银行的，就是纳罗森。

　　莫尔警长想，当年是他把纳罗森抓住，送进监狱的，纳罗森决不会善罢甘休，一定会来报复自己的。于是，他用挑衅的语言写了很多海报，贴在城中各处，故意激怒纳罗森，约纳罗森某日上午8点钟，到A地和自己决一死战。A地是一个废弃的仓库，上次纳罗森就是在那里被抓住的。

　　那一天早上8点钟，莫尔警长如约来到仓库，凭他的感觉纳罗森也已经来了。他拔出手枪，勇敢地推开门，冲了进去。仓库里黑黑的，脚下杂草丛生，里面传来了纳罗森的声音："你来吧，我不怕你！"他迅速追了进去。可是，一直走到仓库的尽头，也没有看到纳罗森。仓库里有一个小阁楼，纳罗森会不会在上面呢？莫尔警长靠近阁楼一看，阁楼门口结满了蜘蛛网，纳罗森不可能进去。

　　就在这时候，莫尔警长忽然想到，纳罗森就躲在阁楼上，而且正在暗处瞄准自己！他连忙蹲下来。"砰"的一声枪响，阁楼里射出来一颗子弹，擦过他的耳朵，纳罗森果然在阁楼上！莫尔警长反手一枪终于把纳罗森打死了。

　　阁楼门口结满了蜘蛛网，纳罗森是怎样进去的呢？

破案密钥　假如蜘蛛和纳罗森同时到达阁楼

被热情招待的越狱犯

这是一个发生在美国的真实的故事。

在一个北风呼啸的寒冷夜晚，一个重刑犯从看守所成功地越狱了！

他身上穿着粗条纹的犯人服非常引人注目，如果脱掉，就算不被警察找到，自己也只能成为寒冷这位冷酷的女神的战利品。所以，在权衡一番利弊之后，他断定自己显然不能大方地走在路上。而且，道路上到处都是追捕犯人的警察，他一旦走出去，无异于自投罗网！那么他此前所有的努力都将白费，等待自己的只有加刑的悲惨结局！

这位越狱犯四处寻找可藏身之处。这时，他发现前面的屋子里灯火通明，人声鼎沸。直觉告诉他，这里好像正在举行一场盛大的舞会。

越狱犯胆战心惊地潜入屋内，打算偷一件衣服给自己变变身。但非常遗憾的是，他运气不好，短时间内，他竟然没找到存放衣服的柜子。

　　然而，就在他满心失望正要转身离开的时候，有一个装扮得像一位中世纪公主的少女发现了他！她失声尖叫起来，她说："呀！这里有一位囚犯！"越狱犯见自己的身份被识破，觉得自己的末日到了！他闭上眼睛，几乎跌倒在地。但他很快冷静下来，他几步蹿到这位公主的身后，想要劫持人质。

　　可就在这时，奇怪的事情发生了！

　　被少女的呼喊招呼来的众人拍手欢迎他，像迎接童年时失散的伙伴一样，都对他异常亲热和友好！就在那一瞬间，越狱犯似乎明白了什么！

　　而且，越狱犯发现一个极为有利的条件，那就是，舞会上的人们穿着的任何一件衣服都能帮助自己成功逃跑。

　　于是，大喜过望的越狱犯让自己的神经放松下来，他和众人一起跳舞，享受了丰盛的美食。

　　舞会结束后，他换上其他人的衣服逃走了。

　　为什么参加舞会的人未能识破他的身份呢？

破案密钥　假如这个舞会是某种舞会

侦探小说掠影

　　乔装的技巧是案犯常用的技巧之一。有以下几种情况：

　　①犯人乔装成被害人。②犯人乔装成第三者，以嫁祸他人。③犯人乔装成虚构人物，以避开嫌疑。④冒名顶替。例如，双胞胎互相调换身份。利用乔装技巧的代表作有江户川乱步的《怪人二十面相》、艾勒里·奎恩的《埃及十字架之谜》等。

巧查珠宝走私者

难度指数：★★★☆☆

一个夏日的清晨，波兰卡尔拉特市警方得到了可靠的情报，一个化名为米希洛的法国走私集团的成员从华沙市和维瓦尔市弄到许多珠宝，装在一只柠檬罐头里面企图蒙混出境。该罪犯所带的珠宝罐头外形、商标和重量与柠檬罐头完全一样。

为了查获珠宝罐头，女警官尼茨霍娃奉命前去海关协助检查。

临行时，局长再三强调，一定不能损坏出境者的物品，以免判断失误，造成不良的国际影响。

尼茨霍娃警官驱车来到海关后，开始注意带罐头的外国人。果然不出所料，"目标"已到了海关。

在接受检查时，海关发现那个化名为米希洛的人出境时带着12只罐头，都是柠檬罐头。

尼茨霍娃知道，靠摇晃罐头无济于事。于是她佯笑着问："先生，你带的全是柠檬罐头吗？"

"当然是。"米希洛彬彬有礼地含笑回答，毫无异色。

尼茨霍娃警官淡淡一笑，使了一招，然后取出其中一只罐头厉声道："这只不是柠檬罐头！"打开一看，里面果然是珠宝。

那个化名为米希洛的走私犯呆若木鸡地低下了头。

女警官尼茨霍娃采取什么妙法，查出了藏珠宝的柠檬罐头？

破案密钥 假如拿来一个东西检验

案发现场的鞋印

难度指数：★★★☆☆

杰克、汤姆和鲍波三人在同一家公司工作，他们是关系较为密切的好朋友。

一天，杰克兴高采烈地告诉其他两人，他所购的彩票中了头奖，奖金税后金额高达10万美元。没想到这却引起了鲍波的贪念。

时间过去了三个月，三位好友相安无事。

但一天晚上，汤姆值夜班，鲍波趁机潜入杰克的家里！

他把杰克杀了，并偷走了10万美元。

第二天早上，杰克的尸体被发现了！

案发现场留有多个鞋印。根据现场证据显示，汤姆是犯罪嫌疑人，警方把值夜班的汤姆逮捕了。

因为汤姆的脚有点跛，所以鞋底磨损的情形很特别，留下的鞋印也与别人不同。而这与凶案现场留下的鞋印特征完全吻合，加上他的鞋底的确沾有现场的泥土。所以，警方很快就将他起诉了，控告他谋杀。

"这双鞋子是我3个月前与鲍波一起在鞋店买的，我每天都穿着它上班。案发当天，我独自一人在公司值班室睡觉，没有离开半步，所以没有其他证人。"汤姆无奈地说。

"你这双鞋昨晚也放在值班室里了吗？"刑警问道。

"是的。所以不可能有人去偷它的。"

警方根据缜密侦查，最终确定作案的是鲍波。

鲍波用什么诡计在现场留下了与汤姆相同的鞋印？

破案密钥　换鞋

警察一无所获

难度指数：★★★★★

在从伦敦开往伊斯坦布尔的东方特快列车上，美国姑娘翠西和福纳蒂夫人在餐车上谈得十分投机。分手时，福纳蒂夫人把她的包厢号码告诉了翠西，邀她有空过去聊聊。

第二天凌晨3点30分，翠西趁乘客们熟睡时，提着一只泡沫塑料包悄悄来到福纳蒂夫人的包厢门前，从泡沫塑料包里取出一件金属工具和一个带吸管的小玻璃瓶，从锁眼里吹进药物，将福纳蒂夫人迷倒。

10分钟后，得手的翠西回到自己的包厢，安然睡去。天亮了，列车快到米兰时，福纳蒂夫人发觉自己枕头边价值100多万美元的珠宝全部被盗。

列车还没有靠站，可以肯定珠宝还在车上。于是乘务员赶紧给米兰警察局打了电话。

列车在米兰站停下后，警察通知暂时不放乘客和行李下车。警长带了福纳蒂夫人和侦探们到每个乘客的包厢里逐个进行检查。

查到翠西时，福纳蒂夫人忽然看到行李架上有一只衣箱很眼熟，便对警长耳语了几句。警长对翠西周身查过之后，就打开她的衣箱，可箱子里只是一般的衣物。搜查长达4小时，仍没珠宝的影子。但是，几天后翠西确实携了许多珠宝，走进了珠宝商店里。

翠西究竟用什么办法盗了珠宝而又骗过了警察呢？

破案密钥 换包

谁是匪首

"砰——"一声枪响，打破了边境清晨的宁静，在边境线附近的小村寨里，男女老少奔跑着，惊叫着："土匪来啦！快逃命啊！"

这个边境线旁的小村寨，交通非常不方便，村民的生活很艰苦，最让人恐惧的是，边境线的对面有一帮土匪，经常来村里抢劫，他们吃饱喝足了，临走的时候还要带走鸡鸭鹅羊，谁敢反抗，就会遭到毒打和枪杀。边防警察局接到报警后，要走很长的山路才能赶到，这时候土匪已经逃走了。

为了把土匪一网打尽，克莱尔探长带领部下，忍受着寒冷和虫咬的折磨，埋伏在小村寨附近的山洞里。整整半个月过去了，土匪没有动静。有的警员说："也许土匪知道我们埋伏在这里，不会来了吧？"探长说："马上要到圣诞节了，土匪一定会来抢东西，回去过节！"

果然，就在圣诞节那天早上，土匪又来了。边防警察迅速出击，消灭了几个土匪，其余的土匪都乖乖地举手投降了。克莱尔探长早就听说，这帮土匪的头目心狠手辣，杀害了不少人，得先把他揪出来。他来到俘虏群前，看到土匪们都穿着一样的军服，谁是土匪头子呢？

克莱尔探长问："谁是带队的？"土匪们都低着脑袋，一声不吭。探长知道，土匪头子一定混在当中，所以土匪们都怕他，不敢说话。克莱尔探长想了一想，突然大声问了一句话，话音刚落，他就知道谁是土匪头子了。

聪明的克莱尔探长问了一句什么话呢？

破案密钥 假如说头目的服装不一样，那么……

像谜一样的绑票犯

难度指数：★★★★☆

　　某董事长的孙子被人绑架了，绑匪索要100万元的赎金，并以电话指定如下："把钱用布包起来后，放进皮箱。今晚11点，放在M公园的铜像旁。"

　　为了保住爱孙的性命，这位董事长就按照绑匪的指示，把100万元钞票放进箱子里，拿到铜像旁。

　　到了11点左右，一位年轻的女人来了。她从铜像旁拿了皮箱后就很快地离去了，完全不顾埋伏在四周的警察。那个女人向前走了一段路后，就拦下了一辆恰好路过的计程车。而埋伏在那里的警车，立刻开始跟踪她。不久后，计程车就停在S车站前。那个女人手上提着皮箱从车上下来，警车上的两名刑警马上就跟着她。那个女人把皮箱寄放在出租保管箱里，就空着手上了月台。其中的一位刑警留下来看着皮箱，另一人则继续跟踪她。但是很不凑巧，就在那个

125

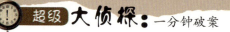

女人跳进刚驶进月台的电车后，车门就关了。警察无法继续跟踪了。

然而，那皮箱还被锁在保管箱里，她的共犯一定会来拿。刑警们这么想着，就更加严密地看守那个皮箱。

但是，过了好久之后，都不见有人来拿，警方觉得不太对劲，便叫负责的人把箱子取出来。他们打开箱子一看，里面的100万元已经不翼而飞了！

你知道钱怎么不见了吗？犯人又是谁呢？

破案密钥　假设计程车司机……

 你肯定不知道

所谓天才人物本来就是指那些十分富于幻想的人。……天才人物总是积极主动地使用幻想能力。总之，他们在思考问题时总是用幻想来开道。……天才在幻想的遥远彼岸获得启示之后再返回到现实之中，因而思想的跨度极大。

——日本·高桥浩子

只要是我们能梦想的，我们就能够实现。

——刻在美国肯尼迪宇航中心大门上的誓言

只有猫知道

难度指数：★★★☆☆

在香泉公寓的一个房间内，一位独居的女性吃了安眠药之后睡着了，结果却因瓦斯中毒而身亡。在案发现场，警察发现套在瓦斯开关上的橡皮管不断地冒着瓦斯气。

警察急忙戴上口罩，关闭了瓦斯气，等瓦斯气体散发得差不多了才进入案发现场。

在案发现场，警察还发现，这位单身女性所饲养的猫也死了，它躺在地板上。

但是，让警察们感到疑惑不解的是：为什么猫尾巴上还绑了一个小小的软木塞呢？

警察看了看尸体，推断出死亡时间是在晚间10点30分前后。

房间的窗户及门都呈封闭状态。这可以说是一间完全密闭的房间，只要一开瓦斯开关，大约30分钟，里面的人一定会死亡。

换言之，凶手大概是在晚上10点开了瓦斯开关之后逃逸的。

警察们经过一番侦查，好不容易逮到一个嫌疑人，可他却说，他从晚上9点到第二天早上，一直都不在现场。警方经过调查以后，发现事实确实如此。

仔细看图，思考凶手是如何使瓦斯漏气延后一个小时的。

破案密钥 假设软木塞的作用

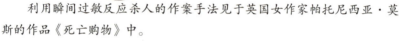

侦探小说掠影

利用瞬间过敏反应杀人的作案手法见于英国女作家帕托尼西亚·莫斯的作品《死亡购物》中。

结核病患者接受链霉素大量治疗后，对此药物非常敏感。这种过敏反应在治疗结束后会慢慢出现。犯人在有此病历的被害人生日时，送他一束非常美丽的玫瑰花。被害人欣喜地将花贴近鼻子闻，随即死亡。

事实上，大量喷洒链霉素可以防止这束玫瑰花腐败。因此，被害人在嗅玫瑰花时，吸入链霉素，立即死亡。

此外，将蛋清注射入人的血管引起死亡的作案手法，见于贝克沃发·罗勃的短篇作品《最后的纪念晚餐》中。

寻找嫁妆

难度指数：★★★☆☆

明朝的时候，有一户姓李的富人家养了一个宝贝女儿。女儿渐渐长大，到了出嫁的年龄了，夫妻俩托媒婆为女儿找了一个婆家，也是一户富裕人家。他们想：我们是有钱人家，女儿出嫁的时候，嫁妆一定要显出派头，不能让婆家笑话。

女儿出嫁前的那天晚上，他们连夜准备嫁妆，一箱箱的名贵衣服，一条条的绸缎被子，多得数也数不清。屋子里装不下了，就堆放在院子里，准备第二天再装上彩车。谁知道第二天一大早，他们发现有一个箱子空了，放在里面的衣服都不见了，那可都是女儿上花轿要穿的呀！他们问了仆人，都说没有拿过；四下里寻找，也不见衣服的踪影。李家只好到县府报案，并且请求马上抓到盗贼，别影响女儿晚上的婚礼。

县官听了案情，为难地说："县城里有这么多的人，要是一家一户查起来，得好几天呢！"这时，有个叫刘炎泽的州官正好到县里来视察，听说了这件事以后，对李家夫妻俩说："今天日落之前，我保证让盗贼自投罗网！"他先让文书写了一张公告，公告上写着："城里某户人家失窃一箱衣服，为捉拿盗贼，明天上午各户居民务必等在家里，等候官兵前来搜查后，方可离开。"然后，他吩咐手下人马上到处张贴，最后，他又对守城门的官兵关照了几句。

这天日落之前，在县城门口，那几个偷衣服的盗贼，真的自投罗网了。守门官兵在他们的身上，搜出了很多女人的衣服，都是被偷的嫁妆。

刘炎泽是怎样让盗贼自投罗网的呢？

破案密钥 嫁妆可以穿在身上

129

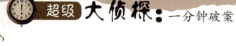

睡衣出了问题

商人卡路里用很低的价格从一个破产的贵族那里买到一颗很大的宝石。

一个窃贼听说了这件事，就假扮成珠宝鉴赏家来到了卡路里家里。两人谈得十分投机，"珠宝鉴赏家"对宝石大加赞赏，并用甜言蜜语把卡路里好好地恭维了一番。

看完后，卡路里当着"珠宝鉴赏家"的面把宝石放回一个小房间，上了锁，并让一只大狼狗守在门口。

半夜，这个窃贼偷偷溜进卡路里的房子。正当他拿到那颗宝石准备越墙逃走时，被卡路里发觉，于是两人打了起来。

谁知，那条看家护院的狼狗不但不咬贼，反而把主人给咬伤了，"珠宝鉴赏家"趁机带着宝石逃跑了。

卡路里十分沮丧地把灯打开，看到地上的破睡衣，气就不打一处来。"该死的狗，我养着你还有什么用！连主人都不认识了！"说着就要把狗赶出去，但那只狗还是围着睡衣团团转。

"亲爱的，你看看那件睡衣。"卡路里的妻子觉得狗有点奇怪。卡路里捡起那件破睡衣仔细看了一会儿，忽然叫道："啊，这件睡衣不是我的。我那件睡衣的前胸口有一块污渍。"

"现在我知道这是怎么回事了。"卡路里的妻子说。

这到底是怎么回事呢？

破案密钥 调换睡衣

芯片藏在了哪里

难度指数：★★★☆☆

近日，警方端掉了一个犯罪团伙，抓捕了其中4人，但是还有9名犯罪分子在逃。经过审讯，被捕的4名犯罪分子交代了其他几人的藏身之所，并交代这个犯罪团伙的老大是萨尔金。警察在进一步调查的过程中发现，其他8名犯罪分子都或多或少有物证证明他们的罪行，唯独没有任何物证指证萨尔金。

警察从新抓捕的8名犯罪分子那里得知，萨尔金的所有活动都记录在一张芯片上，他通常都会随身携带。找到这张芯片，就能指证萨尔金。于是，警方开始监控萨尔金的行踪。

一天，警察发现萨尔金驾车向塞米尔丛林方向行驶。要知道，一旦萨尔金穿过塞米尔丛林，就能够到达国外，再实行抓捕难度就大了。于是迪亚警官便带人追捕。

到达边检站时，警方追上了萨尔金，并对萨尔金进行了搜查。警察知道，一张小小的芯片很容易藏起来，因此搜查得特别细致，甚至连萨尔金的耳朵眼儿都看过了，但仍然没有找到。

正在发愁之际，迪亚警官突然看到萨尔金驾驶的汽车，不禁眼前一亮，原来在汽车挡风玻璃下面，有一个小电风扇正在对着驾驶座的方向吹风，于是他立刻明白了芯片的藏身之所。

你知道芯片藏在什么地方了吗？

破案密钥 假设芯片可以隐身

宝石被谁偷去了

难度指数：★★★★☆

珠宝商加内特定期在自己家中举行珠宝展示宴会。这一天他又在家中举行宴会，不过这次为了增强宴会的气氛，加内特专门请来一支盲人乐队在宴会上进行表演。这是以往没有的节目。

在宴会上，加内特先生把自己刚刚买进的一颗稀有宝石放在大厅里让大家观看。这颗宝石是加内特先生费尽千辛万苦才从一个宝石收藏家的手中买来的。能得到这颗上好的宝石，他非常得意，因此在这次宴会上专门把这颗宝石拿出来向来宾们炫耀。

宴会气氛正热烈的时候，突然，大厅里一片漆黑，乐队这时依然演奏着音乐，丝毫没有受到停电的影响。几分钟后，电灯才又亮起来。这时，加内特才发现自己的宝石不见了。于是，他立刻向警局报了警。

卡梅隆探长接到报警后，立刻带着警员来到了宴会现场。他们经过对现场环境的调查，发现宴会的现场守卫森严，只有得到主人的许可，外人才能进来，所以卡梅隆探长排除了小偷从外边进来的可能性。但是来宾们大多都是有头有脸的人物，一般是不可能做出这种事情的。

卡梅隆探长经过对现场的调查和反复的推理之后，突然看到了那支乐队，这让他茅塞顿开。卡梅隆探长立刻让警员对乐队进行搜查，果真在一名乐手的乐器盒中找到了那颗宝石。

卡梅隆探长如何知道小偷就是盲人乐队的成员呢？

破案密钥 假设盲人乐队偷宝石

钞票的行踪

难度指数：★★★★★

梅琦化装成蒙面的持枪强盗，进入城里的一家小邮局储蓄所。此刻正好是午餐时间。梅琦将正在吃便当的三位职员押入厕所，接着打开金库，取走了钞票。

几分钟之后，她卸下蒙面罩，若无其事地走出邮局储蓄所的大门。

很不幸，艾特警官出现了。

"梅琦！你又来邮局做什么坏事了！看你行动鬼鬼祟祟的，我要逮捕你。"

警官二话不说，在梅琦的手上扣上手铐。警官进入邮局一看，职员都被关在厕所里，金库中一捆一捆的现金被抢劫一空，他大惊失色。

梅琦当场被仔细搜身，警官却没有在她身上发现任何一捆现金。被从厕所中释放的邮局职员找遍了邮局内外的邮筒，都没发现钞票的行踪。最后只捡到了梅琦的蒙面道具及玩具手枪。

"局长，这些小包裹是什么？"

艾特警官看见几个小包裹，便询问局长。这些包裹上都贴了邮票，盖了戳记。

"这些是上午收取的包裹。"

"是不是有新的包裹掺在里面？"

"没有，一个也没有。这些包裹的数量，和强盗进入之前完全一样。"局长一一清点后回答。

"你看吧，警官！我根本没有犯案嘛！这么疑神疑鬼的，你也太草率了吧！这可是侵犯人权！赶快给我把手铐解开！"梅琦抗议。

"那么，你到邮局来做什么？"

"我是来寄信的。想买邮票，却发现一个职员也没有。我以为他们都出去吃午餐了，不料正好遇到了警官。你看，这就是我准备寄的信。"梅琦说着，拿出一封信给警官看。

依然没搜到现金，当然不能逮捕梅琦。没办法，警官只好将梅琦释放。梅琦边吹着口哨边走回家。三天后，她取回了抢劫的全部现金。

在邮局的时候，梅琦将现金藏在哪里了呢？

破案密钥　邮局可以邮寄……

被毒死的新郎

东汉时期，洛阳城里有一对新婚夫妻，两人非常恩爱。一天，新郎出门不在家，新娘听到有人敲门，开门一看，原来是娘家的邻居曹醉。他是个大官的儿子，好吃懒做，品行不好，曾经向新娘求过婚，但新娘没有答应。

曹醉嬉皮笑脸地说："咱们是老邻居了，为了恭喜你新婚，我特地来送一份礼物！"

他送给新娘一只乌龟，说这是很珍贵的野味，新郎吃了可以大补身体。新娘相信了他的话，再三道谢，还回送给曹醉很多礼物。

晚上，新娘烧了乌龟给新郎吃，新郎才吃了两块，突然大叫一声："痛死我啦！"捂住肚子在地上打滚，一会儿便七窍流血死了。新娘吓得大哭起来，邻居们赶紧去报了案。

当时，曹操在洛阳担任地方官，他的知识很渊博，知道有一种晒腹龟，龟肉里有毒，人吃了以后就会丧命，可是很多人并不知道。

为了弄清真相，曹操来到新娘家里，他问清了乌龟是曹醉送的，心里顿时明白了一大半。可是，如果马上把曹醉抓来，他肯定会说不知道晒腹龟有毒。怎样才能让他自己认罪呢？曹操心生一计。

第二天，曹操大摆宴席，招待当地的大官、富人，曹醉也来了。他毒死了新郎，以为可以把新娘抢到手了，心里非常得意，就大吃起来。曹操让人端上来一大盘肉，对曹醉说："这是我新打来的野兔肉，你尝尝吧。"曹醉吃了一口，连声说："好吃，好吃，"他正吃得津津有味呢，曹操接着说了一句话，让曹醉吓得酒也醒了，主动招出了害死新郎的真相。

曹操说了什么话，让曹醉自己认罪了呢？

破案密钥 这肉其实是……

西餐店的谋杀

难度指数：★★★★☆

　　三名男子汤姆、迈克、马丁在一家西餐店里喝啤酒。突然间，店堂内一片漆黑，原来是停电了。不一会儿，侍者送来了蜡烛，于是，他们又接着喝。几分钟后，马丁痛苦地挣扎起来，很快就倒在桌上，停止了呼吸。警方经过调查，发现马丁喝的啤酒中有烈性毒药。听了警方的报告，警长福尔问："停电是偶然发生的吗？"

　　"不，三天前就贴出布告通知了。"

　　"那么，凶手一定是看到布告后做好杀人准备的。这狡猾的家伙利用停电的瞬间，迅速投毒到马丁的啤酒杯中！"警长自言自语地分析道，接着又问了一句，"当时在现场的顾客多不多？"

"不多，只有他们三个人。"

"那么，向酒杯里投毒的凶手不是汤姆，就是迈克。"

警方对汤姆和迈克随身携带的物品进行了仔细检查，汤姆携带的物品有香烟、火柴、手表、胶囊感冒丸、乘车月票和800美元；迈克携带的物品有手表、手帕、口香糖、记事本、老式钢笔和600美元。在两人所带的这些物品中，没有可以盛放毒液的容器。侍者证实，汤姆和迈克谁都没有离开座位一步。所以，他们没有机会丢弃任何容器。警长福尔将他们两人携带的物品看过之后，立即指出了投毒者是谁。

凶手是汤姆还是迈克？凶手用什么东西盛放毒液？

破案密钥 老式钢笔可以……

你肯定不知道

培养孩子想象力的六条黄金法则

1. 引导孩子进行主动想象。

2. 拓展孩子的知识经验。

3. 用游戏激发孩子的想象力。

4. 尊重孩子的想象力。

5. 教孩子学会幻想。

6. 经常给孩子讲故事。

吃饭破案

难度指数：★★★★★

一天，张老汉和女儿下江捕鱼。突然一个恶狠狠的声音从前面传来："让开，你们为什么在我的地方捕鱼？"老汉抬头一看，喊话的是本村恶棍刘大行。刘大行手一挥，命令手下上船抢鱼。老汉双手横握船橹，站在船头说："哪个敢抢，我就跟他拼了！"

"本大爷怕过谁？我看你是不想活了！"刘大行说着抽出腰刀朝老汉砍去，老汉"哎哟"一声倒了下去，被砍死在船上。

事后，老汉的女儿找到了警长。

警长验了尸体，发现刀口砍在右边肋骨上，于是，他问刘大行："老汉是你杀的吗？"

"我早已改恶从善，千万不要轻信那小女子的话。"

"不对，我看见了，是你亲手杀死老汉的。"一个青年渔民挺身而出说道。

警长看了看刘大行，又问道："那尸体是怎么回事？"

刘大行眼珠子一转，说道："不是我杀害的，是我手下人干的。"

警长听完，觉得案子难断，便说："刘大行你走吧！"说完，他暗自跟踪刘大行。刘大行自认逃脱罪责，便与狐朋狗友进了饭馆。

警长在看过刘大行吃饭的情景后，发现他是个左撇子，不禁眼睛一亮，似有所悟。

果然，不一会儿，案子就破了。

这是为什么呢？

破案密钥　刀口的位置、左撇子

  侦探小说掠影

除了信鸽之外，还可利用其他会回到自己住处的动物来破案，例如狗。狗饲养一段时间后，带它走几次路线，它就会不出差错地回到自己的家——很适于盗贼用来搬运赃物。尤其是在绑架案件中，犯人指示付款人将款项放入套在狗腹部的篮子内，再将狗放掉，狗能够顺利穿越人不容易通过的树林、稻田、铁丝网等，快速回到原来的场所，很轻易地摆脱警方的跟踪。阿刀田高的短篇小说《意外的恋情》中就出现过这种案例。收取赎金的狗，在回程途中遇见异性狗，罪行于是被揭穿。因为这条异性狗的主人正是刑警。

巧用厕所

难度指数：★★★★☆

莫斯是一个高智商犯罪分子，他曾用电子计算机偷窃某国一家银行几十亿美元，甚至用电子计算机窃听某国的国家机密。

当然，他最终被警方抓获了，并被法院处以终身监禁，关押在某国保安系统最先进的监狱里。

监狱给他安排了一间单人牢房，条件很好，有看书的地方，睡觉的地方，还有一间独立的厕所。

莫斯在这里表现也很好，从不违反规定。

可令人费解的是，两年后的一天晚上，他竟然失踪了，准确地讲是他越狱逃跑了。

狱警在他的床底下找到了一条通往监狱外长达20米的地道。

根据警方测算，挖一条如此长的地道，要挖出的土多达7吨，可警方却连一捧土都没找到，难道他把土吃了不成？

狱警马上请来了著名侦探洛斯。洛斯来到监狱后，经过仔细勘查，揭开了莫斯挖地道不留"土迹"的谜底。

洛斯找到的谜底是什么呢？

破案密钥 厕所里的水能……

尸沉大海

难度指数：★★★★☆

风雨交加的一夜过去后，小镇依旧没有平静下来，因为在这一天早晨，人们和往常一样走出家门的时候，发现海滩上有一具女尸。

死者是一个身高1.8米左右的女郎，被发现时，她被装在一个布袋之中，布袋周围附有32个铁饼，相当笨重。

看来她是被人蓄意杀害并沉尸大海的。

尽管铁饼很沉，但沉重的布袋依然被冲上沙滩，尸体被发现了。

警方人员迅速赶到现场，并立即对现场进行了勘查。最后推测，死者可能先被人劫杀，继而沉尸大海之中。

警方经过一段时间的调查之后，把目标锁定在了几个人身上：一个是身材矮小、瘦弱的的士司机，一个是身材高大的流氓，最后一个是强壮有力的壮汉。

警方在调查过程中发现，这位女郎曾在的士内留下一个记事簿。警方很快便把注意力集中到的士司机身上。

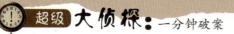

警方怀疑是的士司机劫杀了女郎，但是，问题出来了，一个瘦小的凶徒，如何将一个1.8米高、绑着如此多沉重铁饼的女尸拉过沙滩，再抛入大海呢？

一个警员仔细看了看绑有铁饼的布袋，做出了大胆的假设。结果真如这位警员所料，的士司机只好道出了自己的作案手法。

的士司机是利用什么方法把尸体沉入大海中的呢？

破案密钥 一次次潜水

你**肯定不知道**

注意观察是开发智力和想象力的最佳途径。一个没有接触到新鲜事物的人免不了因循守旧，缺乏独特的思维和见解。让想象力在幼小的心田里驰骋，必须有广博的知识作为基础；积累的经验越多，解决问题的思路就越广。

——美国优秀教师、美国教育新闻网专栏作家艾伦·汉斯克维兹

模特队走私黄金

难度指数：★★★☆☆

最近黄金走私活动越来越猖獗，严重影响到了当地的金融秩序，这使得政府部门很被动。为了防止有人从国外走私黄金，政府加大了海关的查处力度，采取了严格的检查措施。

这天，警察局得到情报，说当天将会有一个走私团伙乘坐"伊丽莎白"号轮船从国外偷运大量黄金入关，并且这个走私团伙的成员都是女人。

警方为了抓获这个走私黄金的团伙，调集了大量的人手来到海关，帮助海关人员寻找走私犯。

下午3点钟，"伊丽莎白"号轮船准时到达港口，轮船上几百名乘客中有很多是女人。

警方和海关人员仔细地观察着每个从轮船上下来的女乘客，并对她们的行李进行了严格的检查，但是并没发现有什么异常。

这时候，从船上下来一个模特队，立刻吸引了不少乘客的眼球。这些模特都是一头金发，长得非常漂亮，尤其是她们那美丽的金发，在阳光的照耀下十分耀眼。

这些模特同样一一接受了海关的检查，但是海关人员并没有从她们的行李中发现什么问题。眼看女乘客基本上都要检查完了，还是没有发现走私黄金的团伙，这时德玛探长突然想到了些什么，他立刻通知警员把刚走不远的金发模特队拦住。

果真如德玛探长所料，警方在这些金发模特身上找到了那些走私的黄金。她们把黄金藏在哪里了呢？

破案密钥　美丽的金发

大案追踪
之 绝密档案

案件：洛克比空难案

案件回放

1988年12月21日，一架从德国法兰克福启程的泛美航空公司的波音747飞机从伦敦飞往纽约。对于艾伦·托普斯来说，当这架103次航班进入他的空中控制区时，不过是又一个向纽约"快速移动的点"而已！

然而刚过晚上7点，意想不到的情况发生了：在他的雷达显示器上，本来表示飞机在苏格兰小镇洛克比上空位置的亮点，突然分裂成为5个——飞机在空中爆炸了！

托普斯急忙与飞机进行无线电联系，但是没有成功。几分钟后，另一架飞机的飞行员报告说看到地上有火，后来证实，这是103次航班装满了燃油的机翼撞到了地面。

爆炸产生了极大的冲击力，就像一次小型地震一样，飞机前面的一部分完整地掉了下来，飞行员被困在座位上，其他很多残骸都散落在2000多平方千米的区域内。事故使得259名机上人员全部遇难，地面上也有11人被掉落的残骸砸死。

疑点丛生

这架残破的波音747通过找回的飞机部件得以重组，重组之后显示：爆炸在机身上造成了一个大洞，然后爆炸冲击波将飞机撕开，从飞机损坏的情况来看，爆炸发生在前货物舱。前货物舱接近飞机的供电处，而爆炸会切断无线电的电力供应，使得飞行资料和驾驶员座舱声音记录突然中断，所以"黑匣子"中并没有

什么发现。于是问题就来了：为什么103次航班从来没有发出求救信号？飞行数据记录仪也表明控制系统是正常的，并没有出现什么差错。那么是什么原因导致了飞机的解体呢？

纤维破案

织物使用的纤维有自然的、人造的以及自然和人造相结合的三种，每种纤维都有其特定的外貌、颜色和特征。对于大多数纤维证据而言，所发现的纤维样本所属的类别越是不大被人们所使用越是有价值。

通过显微镜，可以测定纤维的类型、直径、颜色以及条纹、添加剂等特征，即使纤维样本的尺寸非常小，通过精密的仪器同样可以精确地测定出来。

真相

在仔细检查飞机残骸后，调查人员发现行李舱存在被炸弹毁坏的迹象，似乎有一颗炸弹在靠近行李舱地板的地方被引爆。此外，在行李舱的舱壁和飞机壳板上有许多微小颗粒，一小片印刷电路板和一台东芝收录机残片也被卡在行李舱的壳板中。另外，还发现少量塞姆汀塑胶炸药(红外线炸弹装置)——这个精密的触发装置经过了巧妙的设计，躲过了机场的安检设备，以至于当炸弹在飞机机身上炸开一个小洞后，飞机在不到90秒的时间里被撕裂。就这样，仅仅2.2磅的塞姆汀塑胶炸药就将300吨重的飞机撕开，导致了全体乘客和机组人员的死亡。

英国鉴证专家确认，在洛克比爆炸现场发现的蓝色婴儿连身套装品牌碎片含有炸药，显示它被装在放了炸弹的手提箱内。部分蓝色婴儿连身套装的标签残存下来。苏格兰探员根据标签追溯至一批送往马耳他斯利玛一家服装店"玛丽屋"的婴儿连身套装。

1989年8月，苏格兰探员飞往斯利玛会见服装店的老板东尼·高斯。高斯回忆说，在炸弹袭击前两星期，他向一名貌似利比亚人、操利比亚口音的男子卖出那套婴儿连身套装。

1991年11月14日，美英两国宣布了洛克比空难的调查结果：空难是由两名利比亚人制造的。他们是前利比亚航空公司驻马耳他办事处主任拉明·哈利法·弗希迈和利比亚特工阿卜杜勒·巴塞特·阿里·迈格拉希。他们将藏有炸弹的行李从马耳他送上103次航班，预计在爱尔兰海上空爆炸。这样，爆炸产生的碎片将沉入汹涌的爱尔兰海，没有人会知道事件的真相。

死在自己别墅里的选美冠军

著名的选美冠军瓦廖莎小姐死了，死在了自己豪华别墅的卧室里。她在被害后的第二天早上才被家人发现。

警方发现瓦廖莎小姐的脖子上有一道勒痕，经过法医的检验，得出的结论是：瓦廖莎小姐是被人用绳子之类的东西勒死的。警方立刻对整个别墅进行了搜查，可是找遍了整个别墅都没有发现作案工具。泰德探长猜测，可能是凶手在杀人之后，把凶器带走了。

这时，泰德探长无意中看到瓦廖莎小姐屋内摆放着几个奖杯和证书，其中有瓦廖莎小姐获得选美比赛冠军的奖杯。泰德探长又看了看已经死去的瓦廖莎小姐，发现她不仅脸蛋长得漂亮，就连那一头齐腰的金色长发都是那样的美丽

动人。这时，泰德探长突然想到凶手是用什么勒死瓦廖莎小姐的了。

你知道瓦廖莎小姐是被凶手用什么勒死的吗？

破案密钥 金色长发

侦探小说掠影

下面给大家介绍三本以宝石为主题的侦探小说：松本清张的《绚烂的流离》——以3克拉的钻戒为中心，在其变换主人的过程中，引发种种事件。最后，钻石遇火，化为一堆灰烬，其薄命令人惋叹再三。

黑川博行的《猫眼石的失踪》——3个被杀的男子为什么都吞下相同的猫眼石？为了查清此案，被害者的友人、某大学女生飞往猫眼石的原产地印度，终于找出了得到"第四届山多利推理"大奖的犯人。

齐藤荣的《珠宝大盗》——某国的王妃在访日途中，钻石在赤坂迎宾馆被窃了。另外，珠宝大盗集团闯入珠宝店，夺走了六亿元的钻石。

147

冯弧是怎么被法办的

唐朝时，卫县有个大恶霸名叫冯弧。他倚仗着姐夫吴起是朝内掌管刑狱的大官，一向为非作歹，无恶不作。

有一天，冯弧和县城里一个开饭店的老板下棋，下着下着，冯弧便处于劣势，眼看着自己要输棋，冯弧就开始逼着对方让着他，可店老板说什么也不退步，执意要赢冯弧。

冯弧当即容颜大变，怒目圆睁，很快从兜里掏出了一把刀，一下就将店老板刺死在棋桌旁。

死者家属连夜告到县衙，要求严惩凶手。

县令张方马上命人把冯弧抓了起来，并连夜起草了一份判处冯弧死刑的案卷，派人以最快速度送到了京城。

掌管刑狱的大官吴起接到案卷打开一看，案子竟然是要判自己小舅子的死罪，便马上批道："此案不实，请张县令查实再报。"随后，他又悄悄地给张方写了封信，说明冯弧是他小舅子，让他从轻处理，并称将来一定保举张方晋升高官。

张方接到退回的案卷和说情信后，心中非常气愤。他不愿徇私情，便再次把案卷呈了上去，可几日后，案卷依然是被退了回来。张方不气馁，第三次将案卷呈了上去，可案卷照样被退了回来。

三次上报，三次被退回，张方决定想个办法，以达到惩治冯弧的目的。经过几天的冥思苦想，他终于想出了一个办法，就是在冯弧的名字上动手脚，使吴起批准将冯弧斩首示众。

这是怎么回事呢？

破案密钥 在冯弧的名字上减少笔画

法官的公断

难度指数：★★★★★

一个月前，斯坦利失踪了，警方和检察院通过调查发现，无论是从犯罪动机、作案条件，还是人证、物证方面，埃里克都有最大的嫌疑，尽管警察至今还没有找到被害者的尸体，但是检察院仍然起诉了埃里克。

埃里克的辩护律师是国内一名著名的法律专家，尽管情况对埃里克非常不利，辩护律师仍然为埃里克找到了一线生机。法庭上，律师从容地说道："我想提醒在座的诸位，迄今为止，还没有发现斯坦利先生的尸体。尽管凶手可以把尸体藏匿起来，或是毁尸灭迹，但是如果斯坦利先生现在还活着，甚至出现在法庭上的话，那么大家是否还会认为我的委托人是杀害斯坦利先生的凶手呢？"

陪审席和旁听席上发出几声窃笑声，似乎在讥讽这位远近闻名的大律师。

法官看着律师说："请你说吧，你想要表达什么意思？"

"我所要表达的就是这个意思。"律师边说边走到法庭入口处的大门前面，提高声音说道，"现在，就请大家看吧！"说着，一下拉开了那扇门……

所有的陪审员和旁听者的目光都转向那扇大门，但被拉开的门后却空空如也，没有任何人影。众人好奇不已，律师却慢条斯理地说道："我并不是在戏弄法庭和公众。我只是在国家法律许可范围内，做了一个心理测验而已。从刚才整个法庭上的目光都转向那道门的情况来看，大家都期待斯坦利先生在那里出现，从而也证明在场的每个人的内心深处，对斯坦利先生已经不在人间这件事并不是很肯定。"

最后他加重语气强调："所以，我要大声疾呼，在座的12位公正而又明智的陪审员，难道凭着这些连你们自己也不太有把握的证据，就能裁定我的委托人便是'杀害'斯坦利先生的凶手吗？"

霎时间，法庭上秩序大乱。不少旁听者交头接耳，连连称妙，人们都认为律师的绝妙辩护有可能使被告埃里克获得无罪释放。然而，最终陪审团却一致认为被告埃里克有罪！主审法官后来说，律师在做测试时，他对被告的反应做出了设想。

法官被验证的设想成了陪审团裁决的依据。

主审法官做出了怎样的设想呢？

破案密钥　如果他是凶手，那么他知道……

 你肯定不知道

达·芬奇是位著名的画家。他在绘画艺术上的巨大成就，让我们忽视了他同时也是一位发明家的事实。达·芬奇在1495年设计了一幅降落伞的草图。许多年以后，法国科学家根据这幅草图，让达·芬奇的幻想变成了事实——他们发明了降落伞。

化装的漏洞

难度指数：★★★★☆

普林斯出生在安约小镇，他是一位很有名气的整形医师，为了回报故乡，他放弃了在华盛顿优越的生活和高薪待遇，毅然回到小镇开了一家整形医院。

一天，普林斯的诊所到了中午也没有一位病人。他打开了电视机，里面正播放重要新闻：有一名男子昨晚越狱逃到本镇，请广大市民留意逃犯，同时也确保自己人身安全。普林斯看到这里无奈地摇摇头，关了电视机。

正在这时，一名男子推门进来了。普林斯仔细一看，他就是刚才电视里说的逃犯。普林斯不知怎的，舌头突然不好使了，他吞吞吐吐地说："这位先生，你有什么事吗？"

逃犯说："我要你现在就给我化装，让别人认不出我来，不然我要你的命。"

普林斯不敢不从。半小时后，逃犯站在镜子前面说："你真厉害，连我自己都不认识自己了。"

逃犯感谢普林斯后扬长而去。他走在街上，心想："这回那些警察可抓不住我了。"

就在他得意不已的时候，对面走过来两名警察，警察看见他之后，立刻将他扑倒在地并给他戴上手铐。

为什么逃犯化装之后警察还是能认出他呢？

破案密钥 通缉犯不是只有一个

窗台上的鸟粪

难度指数：★★★★★

拉斯维加斯郊区有一座非常有名的监狱，这里围墙高耸，戒备森严，想要进入这座监狱必须经过层层的盘查。一名监狱的工作人员常常开玩笑说，这座监狱就连一只苍蝇也别想飞出去。

但是就在前一天晚上，监狱里却有一名囚犯逃走了。那是一名叫马克的囚犯，他被关押在一间单人牢房里。

就在前天深夜，他用细锉刀锉断了窗户上的铁栏杆，成功越狱了。

狱警立即开始调查这起越狱案件。

马克关在单人牢房期间，从没接受过外部送的东西。

尽管他妻子常来探监，但他们只是在会客室隔着玻璃用电话互相交谈，传递细锉刀是不可能的。

而且，囚犯被关进单人牢房前都受过严格的搜身检查。

那么，马克是如何搞到细锉刀的呢？

监狱长在查看牢房被挫断的铁栏杆时，见窗台上有鸟粪，而且还有一些面包渣，便知道了马克的越狱手法。

马克到底是怎样弄到细锉刀的呢？

破案密钥 鸟类中能传递物品的是……

劫匪失踪了

难度指数：★★★★★

一天晚上，在一家服装精品店里，一个年轻男子拿着一套已经选好的服装走到收银台前。此时正是精品店快要下班的时间，收银员小姐没发觉有顾客到来，还在专心致志地清点当天所收的现钞。没想到，这名男子一把抢走收银员手中的钱立刻冲出了门。

收银员惊呼一声："抢劫啦！"她追出门，看到这名男子出门后跳上了一辆蓝色的摩托车，向东驶去。于是，收银员大声喊道："快帮我拦住那辆蓝色的摩托车，他是抢劫犯。"碰巧，这时安德鲁斯探长乘坐一辆警车从这家精品店经过，收银员迅速把刚才发生的抢劫案告诉了安德鲁斯探长。

安德鲁斯探长立刻通知其他警员，对这辆蓝色的摩托车进行围追堵截。经过一番追逐，安德鲁斯探长终于追上了这辆蓝色的摩托车。

可是当安德鲁斯探长对这名男子进行检查时发现，这名男子的身上只有几块钱的零钱，并没有发现那套精品服装和一万多元的现金。

安德鲁斯探长将这名男子带到精品店，收银员却说："那辆摩托车确实是劫匪骑的车，但是这名男子却不是刚才的那名劫匪。"

你知道劫匪到哪里去了吗？

破案密钥 假设中途劫匪有人接应

不翼而飞的1000万元赎金

一个惊人消息瞬间传遍了整个小城。

小城里一位亿万富翁的独生子被人绑架了！

绑匪寄给这位富翁一封信，信的内容如下：

尊敬的先生：

如果你希望你的儿子能平安地回家，就赶快把1000万元的赎金装在旅行包里送来。明晚12点，请你让你的司机在B公园的雕像旁挖一个坑，将钱埋入地下。后天中午12点，你的儿子就可以回家了。

接到绑匪的信后，亿万富翁很着急，毫不犹豫地向警方报了案。

第二天晚上12点，亿万富翁的司机带着装有1000万元赎金的旅行包来到B公园的雕像旁。

为了以防万一，与司机同车前往的有7名化了装的警察，公园的出口也有几名刑警在远处把守。

在一片黑暗中，司机按绑匪的要求，在雕像旁挖了一个很深的坑，将旅行包放在坑中埋好，随后又带着铁锹离开了那里，留下刑警小心翼翼地在那里监视着。

直到次日中午，始终没有见到绑匪前来取钱，而小孩却平安地回到了家中。警方见孩子回来了，不知绑匪要什么花招，就把埋钱的坑挖开了。

出人意料的是，旅行包是空的，1000万元赎金不知什么时候被取走了。负责监视的刑警证实，绑匪绝对没有来过，而且也没有任何人靠近那个坑。

那么这个不见踪影的绑匪，究竟是如何躲过刑警的监视，将1000万元的赎金取走的呢？

你知道到底是怎么回事吗？

破案密钥 假设司机本人就是绑匪

奇怪的爆炸案

颇有名气的职业高尔夫球手青山正彦最近因为一场比赛的胜利，得了一笔数目相当可观的钱。

但是，让人震惊的是，某日早晨，青山正彦在高尔夫球场被杀了。

这天，从早晨起，小雨就淅淅沥沥的，一直下个不停，所以当时没别人来过高尔夫球场，只有青山正彦本人。而且他连服务员都没带，独自顶着小雨来此练习。

高尔夫球场的员工们在一起嘻嘻哈哈地聊着天。突然，高尔夫球场传出"轰"的一声爆炸声，员工们急忙赶到青山正彦所在的位置一看，青山正彦躺在草地上已经死了！

从现场看，似乎是小型手榴弹一类的东西发生了爆炸，因为死者的腹部和腿被炸得血肉模糊。

然而，奇怪的是，现场只丢着一根高尔夫球杆，高尔夫球却不知去向，而且也没有发现凶手的踪迹。

宽阔的高尔夫球场的四周都围着高高的金属网，从外面向里扔手榴弹也是不可能的。

也不可能是地雷爆炸或是直升机从空中扔的炸弹啊！

究竟凶手是用的什么凶器将他杀害的呢？

破案密钥 假设高尔夫球中有炸药

利用自制的定时装置逃脱

有一位间谍被监禁在秘密地下室。一天晚上，他趁着夜深人静，利用藏在鞋跟内的小锉刀磨断了窗户的铁栏杆。

他刚想逃跑，回头时看见囚禁自己的地下室里竟然存放着许多装满汽油的罐子。为了泄愤，这位间谍想利用地下室的汽油将这秘密指挥部烧毁。

然而，在汽油罐爆炸之前，他需要几分钟的逃命时间。

而这位间谍手边不但没有定时装置，也没有可以当作导火线的长绳子。

他身上的物品也都早已被没收了，只剩下了香烟和火柴。

间谍都是一些非常精明能干的人，他们中很多人都经历过非常艰苦的训练，大都具有异于常人的处理突发事件的能力，尤其是他们的绝境求生的能力，更是十分惊人。

这位间谍也是如此，不一会儿，他就想出了一个办法。

他将汽油洒在地面上，利用香烟及火柴做了一个简单的定时装置。

然后，他逃离现场。7分钟之后，汽油罐爆炸。不一会儿，整个地下室就陷入一片火海当中。

他使用了什么样的定时装置呢？

破案密钥　　假设那个年代的火柴有特定结构

侦探小说掠影

与钻石犯罪推理有关的作品如下所列，关心珠宝的读者可以一读。

诺尔·克拉顿的《钻石的滋味》中写道：一个珠宝鉴定高手应某珠宝商会高价聘请，内心欣喜万分。但不久之后，对方要求他将合成珠宝鉴定为钻石，他陷入进退两难的局面……这是一本描写灿烂华丽的珠宝世界种种罪恶的悬念小说。

夜行列车上的怪事

从 A 站准时出发的夜行车，几分钟后到达了 B 站。这时，副驾驶员从蒸汽火车头上走了下来。

"不好了！驾驶员田山先生在列车行进中跳车逃跑了。他看起来好像疯了似的！好像是厌倦了司机这个工作。"他向站长报告说。

站长大吃一惊，立即通知 A 站，从两站分别派出人员沿线搜查，却没有发现田山的踪迹！

沿线的田野和山川大多堆积着大雪，大雪在月光下，泛着冷冷的光；除此之外，喧闹的只有呼啸而过的山风。

如果田山跳车逃逸，雪上为什么找不到他的足迹呢？

对货物列车全面清查后也没有发现田山。

站长经调查发现，从 A 站发车时，田山正在蒸汽火车头旁做例行事务。他想了想，赶紧不动声色地让人抓住了副驾驶员，把他扭送到警察局。站长为什么这么做？

破案密钥 假设以前的火车有蒸汽炉

恐怖分子的下场

A国情报科得到确切消息———一伙恐怖分子准备凌晨两点制造一起恐怖事件！

A国警局立即出动特种兵包围了3名还在休息的恐怖分子。

狡猾的恐怖分子觉察到异常，马上劫持了住在他们隔壁的一对夫妇作为人质。

警方为了确保人质安全，没有采取进一步行动。

恐怖分子得寸进尺，要求A国警方立刻派一架直升机把他们安全送走，否则就对人质下手。

警方马上研究出了一套措施，然后，他们答应了恐怖分子的要求。

半小时后，直升机到达包围现场，3名恐怖分子挟持人质准备上飞机，在一旁的政府官员喊道："这架飞机只能乘坐5人，包括飞行员在内，所以你们现在必须放掉这两名人质，我们的飞行员会做你们的人质。"

恐怖分子迟疑了一会儿，答应了A国政府的条件。3名恐怖分子放掉这对夫妇，迅速上了直升机。直升机沿着直线上升后慢慢飞到一片荒野地上空，恐怖分子感觉不对，就对两名飞行员大喊："请你们马上飞到A国和B国临界处！"

话音刚落，喊话的恐怖分子突然大叫一声："不好，我们上当了。"

随着一声巨响，直升机从高空中坠落，机毁人亡。

A国真用飞行员的性命换了一对夫妇的性命吗？

破案密钥 假设两个飞行员不是真人

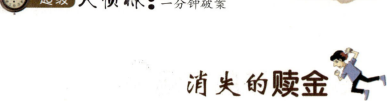

消失的赎金

难度指数：★★★★★

一天，某社长的儿子被掳走，绑匪要求4000万元的赎金。

"现金用小型旅行箱装妥，今晚9点将旅行箱放置于 B 车站的32号寄物柜里。寄物柜的钥匙放在车站前的公共电话亭架子下，用胶带贴着。旅行箱放好之后，关上柜子门，再将钥匙放回原处。"罪犯打来了指示电话。

为了保住宝贝儿子的生命，社长依照罪犯的指示，提着4000万元往B站出发。寄物柜旁已经有乔装的警察埋伏了。

社长将旅行箱放进寄物柜，关上门之后，将钥匙放回原处，然后他就返回

家中。当然，电话亭附近也有刑警埋伏。

但经过一整夜，却不见罪犯出现。第二天早晨，社长接到电话："4000万已经收到，你儿子今晚即可回家。"

埋伏的警察得知消息，不禁大吃一惊。大家合力将32号寄物柜打开。奇怪，4000万赎金已经不见了！

寄物柜中的确放入了4000万赎金，而且在警察守候埋伏期间，也没有人靠近过32号寄物柜及电话亭。

罪犯用什么方法将赎金取走的？

破案密钥 假设从寄物柜的后面取出

 你肯定不知道

首先，对孩子想象力和创造力的培养，需要一定的时间。

其次，艺术熏陶是培养孩子想象力的重要手段。

再次，要鼓励孩子自由想象。

最后，音乐教学也非常值得称道。

——一位母亲谈美国的学校如何培养孩子的想象力

是酒后驾车吗

一天晚上，英国伦敦的大街上发生了一起车祸。

一辆货车撞倒了一个女子，那女子当场死亡。

因为事故发生在深夜，没有找到旁证。

当货车司机被带到交通事故组时，他身上还有一股酒气，显然是酒后驾车导致车祸，这类事故按法律要重判！

但是司机却理直气壮地辩解道："我根本没有喝酒，只是去酒吧找过一个朋友，他当时喝醉了，把酒洒了我一身。我保证开车时神志是清醒的。

"我看见那女子横过马路，从很远处我就鸣笛让她躲开，可是她好像没反应。

"等后来我刹车时，已经晚了。

"对这场意外事故我当然有责任，也感到很遗憾，但死者也是有责任的。"

警官最初半信半疑。直至看到法医交给他的验尸报告，他才说："这的确只是一场意外事故，并非醉酒驾车所致。"

究竟是什么原因使警官相信这个司机并非醉酒驾车呢？

破案密钥　假设这个女人看不见听不见

相同的车胎痕迹

难度指数：★★★★★

一天早晨，吉尔还没有起床，就有一位警察来到了他的住处。吉尔一开门警察便问："楼下停车场那辆橙色的车是你的吧？"

"是的，怎么了？"吉尔随口问道。

"要是这样的话，你可要跟我们走一趟了。你涉嫌开车撞人后逃逸。"警察突如其来的几句话，使吉尔茫然不知所措。

"您能把事情的原委叙述得详细一点吗？"吉尔说。

"昨晚10点左右，一辆橙色跑车撞死一位老人后逃逸了。鉴定科的人查看了你那辆车，你那辆车的轮胎图案与现场的轮胎痕迹完全一致。即使是相同产品的轮胎，磨损状况及损伤状况等也各有各的特征。所以，轮胎痕迹也同足迹一样，是决定性的证据。"吉尔听过后，更加吃惊了。

"可是，警察先生，我有不在现场的证明。昨晚10点左右，我一直同我们经理在公司讨论问题，我们聊了两个半小时，12点40分左右，我才从公司离

开。"吉尔说。

"那么，这段时间内你的车呢？"

"就停在公司的停车场，锁得好好的。"

警察接着说："这么说罪犯是用配的钥匙偷了你的车？"

"不，那绝对不可能。我习惯在启动车前和停车时看一下里程表，昨晚看时，里程表的数字丝毫未动。这就是说我在公司这段时间里，我的车没离开过停车场一步。"

"哦，那就奇怪了，那么现场怎么会留下你的车胎痕迹呢？"警察百思不得其解。

你知道这究竟是怎么回事吗？

破案密钥　假设轮胎被卸换

侦探小说掠影

不论多么天衣无缝的犯罪，只要是人做的，就没有解不开的道理。伦敦的空气因我的存在而变得清新。

看起来美丽和平的田园，也可能潜藏着令人恐惧的邪恶秘密，何况是伦敦市内那些藏污纳垢的陌巷呢？

如果一切可能性都无效时，可能真相就保留在看起来不起眼的事物之中。

——名侦探福尔摩斯语录

舞会杀人之真相

难度指数：★★★☆☆

安全部门已经提醒过首相，要求他取消今年的化装舞会。但在这个面积狭小的公国，化装舞会有两百多年的历史，早已经成了一种传统。尽管受到了叛乱者的种种威胁，一年一度的化装舞会还是如期举行了。

舞会前，首相为了安全，做了大量工作。化装成装着假腿的海盗的客人交出了他的剑，化装成土耳其苏丹的客人交出了他的大弯刀。除了允许一个化装成棒球队员的人带进了一根球棒，没有任何锐器被带进会场。大家认为使用钝器不会构成威胁。

但还是出了事。一位80岁的大公爵被棒击致死。警察勘查了现场，看到公爵装扮成了一个青年，躺在一个餐桌旁，血还在淌着，滴到了旁边的地板的缝隙中。

"快！"探长对离他最近的一个人说，"关上大门，通知警卫。"

旁边的这个人正是装扮成海盗的州长，他大步跑着离开了主会场。

探长的助手说："我们需要找到凶器。"

化装成棒球手的客人是首相的一个政敌，他说他的球棒在楼上。警察果然在楼上男浴室外的痰盂里找到了球棒。

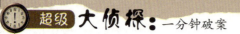

"把证据带走！"探长喊道，"拿回去化验，一定要找到刺客。"

"不一定要去化验，"命案发生后，首相第一次发了话，"我知道是谁杀了公爵！就是那位州长！"

首相为什么说州长是凶手呢？

破案密钥   假设州长的腿是假的

你肯定不知道

想入非非是通向科学探索的必需的和首要的步骤。

——查尔斯（美国哲学家）

想象就是深度。没有一种精神机能比想象更能自我深化，更能深入对象，这是伟大的潜水者。科学到了最后阶段，便遇上了想象。

——雨果（法国作家）

失踪的新郎

查理和黛娜在海港的教堂举行了结婚仪式后，他们顺路去了码头，准备启程去度蜜月。因为他们俩是闪婚，所以仪式上只有神父一个人在场，连旅行护照也是黛娜的旧姓，将就着用了。

码头上停泊着一艘国际观光客轮，马上就要起航了。两人走上舷梯，两名身穿制服的二等水手正等在那里，他们微笑着接待了黛娜。丈夫查理似乎乘过几次这艘观光船，对船内的情况相当熟悉。他分开混杂的乘客，领着黛娜来到一间写着"B13"的客舱。

"黛娜，要是你带有什么贵重物品，还是寄存在事务长那儿安全。"

"我只带着两万美元，这是我的全部财产。"黛娜把这笔巨款交给丈夫，请他送到事务长那里保存。

可是，黛娜左等右等也不见丈夫回来。汽笛响了，船已驶出码头。黛娜到

甲板上寻找丈夫，可怎么也找不见他。她想也许是他走岔了，就又返了回来，可她却在船内迷了路，怎么也找不到B13号客舱。她不知所措，只好向路过的侍者打听。

"B13号客舱？没有那种不吉利号码的客舱呀！"侍者脸上露出诧异的神色答道。

"可我丈夫的确是以查理夫妇的名字预订的B13号客舱啊！我们刚刚把行李放在了那间客舱。"黛娜说。她请侍者帮她查一下乘客登记簿，结果发现预约手续是用黛娜旧姓办的，是"B16"，而且，不知什么时候，她一个人的行李已经被搬到了那间客舱。登记簿上并没有查理的名字。事务长也说不记得有人在他那里寄存过两万美金。

"我的丈夫到底跑到哪儿去了？"黛娜莫名其妙。她找到了上船时在舷梯上用笑脸迎接过她的船员，黛娜想他们大概会记得自己丈夫的事，就向他们询问，但船员的回答使黛娜更绝望。

"您是快开船时最后上船的乘客，所以我们印象很深。当时没别的乘客。我发誓只有您一个乘客。"船员回答说，他看上去不像是在说谎。

黛娜一直等到晚上，也没见丈夫的踪影。他竟然神不知鬼不觉地消失了！

正在这艘船上度假的侦探尼尔很快查清了这件事的来龙去脉。

黛娜的丈夫查理到底是怎么失踪的呢？

破案密钥 假设她的丈夫是水手、是骗子

遗嘱风波

难度指数：★★★★★

有一位富翁在临终时立下遗嘱，他要把全部财产留给妻子。和他的妻子共同生活的还有他们的养女卡娜。

卡娜是一位典型的时髦女郎，她社交极广，很能挥霍钱财。因为养母管束很严，她手头经常拮据，所以她总是盼望养母早点死去，这样自己就可以合法继承巨额财产。可是，养母的身体非常健康。终于有一天，急不可待的卡娜在养母喝的汤里放了砒霜，幸亏保健医生发现及时，养母才保住了一条性命。

她的养母康复后，马上警告卡娜说："我知道你想要我的命。这次为了维护家族的声誉，我不起诉你。但为了保证我的人身安全，现在我应该把你从这个家里驱逐出去。遗憾的是，按照你父亲生前的遗言，我不能这样做。所以，我为了自己能安度晚年，从今天起采取防范措施，你再也别想投毒害我了！"

卡娜的养母请人彻底改造了二楼的卧室,在窗户上安装了铁栏杆,门上的锁也重新换过了。一日三餐都不让仆人做,而是她亲自从超级市场买来罐头,在卧室新增设的厨房里做饭,所有的餐具也不许任何人碰,连饮水都只喝瓶装矿泉水。她每星期都请保健医生来检查身体。就连这位医生,也只准许测量一下脉搏和体温,打针、吃药,养母都一概自理。值得注意的是,那时的体温计还是比较落后的,需要口含着才能测量体温。

尽管防范得如此严密,卡娜的养母仍然在劫难逃,不到半年光景便死于非命。经法医解剖发现,她的死是由于无色无味的微量毒素长期侵入体内,致使积蓄在体内的毒素剂量达到了致死的程度。推理作家奎因陪同警长参加了这一案件的调查,警长忙着在现场搜寻证据,奎因却在翻检死者用过的医疗器械,沉思了一会儿,他就指出了投毒杀人的罪犯。

究竟是谁采用什么方法,将这位防范备至的养母毒死的呢?

破案密钥 假设体温计上涂有无色无味的毒药

 侦探小说掠影

阿加莎·克里斯蒂(1890-1976)是英国杰出的侦探小说家,16岁时开始写侦探小说。第一部小说是《别墅奇案》,但出版商对此毫无兴趣。阿加莎·克里斯蒂经过不断创作,终于写出了《尼罗河上的惨案》《东方快车谋杀案》等侦探名篇,塑造了波洛这一艺术典型。其《老鼠夹》一剧在英国舞台上创造了上演30年不衰的纪录。她的侦探小说有很高的文学价值,她的侦探小说继承了柯南·道尔擅长编排扑朔迷离的布局的特点,又加上她对医药学的研究,用心理学和医学的观点加以破案,堪称一绝。

凶器自遁之谜

看到儿子没能在航模比赛的决赛中取得冠军，陈峰伤心透顶。

失望至极的陈峰不愿看儿子领取亚军奖杯，提前15分钟离开赛场回家。

满心以为妻子会安慰他几句，不料妻子一看见他那副颓丧的模样，顿时火冒三丈地责骂他。她责骂他是个不负责任的丈夫，工作不好好干，赚不到钱，却把她辛辛苦苦挣来的薪水大部分丢在航模材料上；责骂他是个不负责任的父亲，将儿子引入歧途，迷恋航模，致使学习成绩大幅度下降，本学期考试两门功课不及格。妻子还用拖把柄砸起航模来，并大声叱责："滚出去！离婚！我再也不要见到你！"

陈峰忍无可忍，在喝令妻子住手无效的情况下，终于操起制作航模用的刀具，将妻子捅死了。

10分钟后，陈峰拨通了"110"电话报警，称自己刚到家就发现妻子被杀了。

刑警迅速赶到现场，经过4个小时的勘查，基本排除了外来人员作案的可能，疑点全部集中到了陈峰身上，然而陈峰以沉默来对付审讯。刑警搜查了整幢16层高的公寓大楼以及周围地区，工兵探雷般地搜索，依然找不到凶器。侦查陷入了僵局。

直到两个星期后，刑警才在邻近的24层高的"希望大酒店"屋顶发现了带血的凶器。刑警们迷惑了，按照时间推算，陈峰似乎不太可能在10分钟内跑到酒店屋顶上抛凶器。

凶器是怎么跑到那里去的呢？

破案密钥　　假设陈峰会操纵航模

 你肯定不知道

想象力是创造的翅膀！请看一个小故事：

保尔·麦克里迪告诉他10岁的儿子，水的表面张力能使针浮在水面上而不下沉。他要求他儿子将一根很大的针投放在水面上，但不得沉下去。他自己年轻时做过这个实验，所以他提示儿子要利用一些方法，譬如采用小钩子或者磁铁。而他儿子却不假思索地说："先把水冻成冰，把针放在冰面上，再把水慢慢化开不就得了吗？"

会"说话"的尸体

难度指数：★★★★★

东汉的时候，有个县城里正在举行庙会，大街上人山人海。商人卖东西的叫卖声，大人寻找走失小孩的叫喊声，还有牛马鸡鸭的叫声，闹成了一片，真是热闹非凡。

有个叫周纡的县官带着几个随从，穿着便服也来逛集市。他站在一个卖画的摊子前，正拿着一幅画慢慢欣赏，忽然听到西边有人惊叫："不好啦！有人被杀啦！"人们一听，都往那边奔过去。周纡马上放下画卷，也跟着人们跑过去。

在县城的西门边上，有一个男子的尸体，围观的人里三层外三层，大家纷纷议论说："刚才进城门的时候，怎么没有看到他啊？"也有人说："你们就别瞎议论了，快去报官吧！"周纡说："别去报了，本官已经来了。"人们看见县官来了，就让开了一条路。

周纡挤进去一看，那被害人穿得破破烂烂，好像是个乞丐，脑袋上有一个大窟窿，血迹已经干了，头发和鼻孔里有稻草屑。周纡高声说："诸位请肃静，本官要亲自审问尸体，查出凶手！"众人大吃一惊："难道尸体会开口说话？"大家都停止了议论，看县官怎么审问。周纡朝尸体大喝一声："是谁把你害死了，快从实招来！"然后凑近尸体耳朵，好像在和尸体说悄悄话呢！

过了一会儿，周纡大声宣布："尸体已经告诉本官真相了！"他叫来守城门的士兵，问他："刚才有谁运过稻草进城？赶快把他抓起来！"

尸体当然不会真的说话。

周纡为什么能"听"到尸体说出真相呢？

破案密钥 假设尸体上留有重要线索

男爵之死

托马斯男爵是一位狂热的瑜伽爱好者。他为了练瑜伽特意买下一间健身房，并聘请了4个来自印度的瑜伽教练！

出人意料的是，有一天，男爵被发现死在了健身房里。

原来，两星期前，男爵单独进入健身房练瑜伽。为了不受外界干扰，他把门窗都从里面上了锁。两星期后，他仍未出来，于是4个印度教练向警方报警。

警察赶来，撬开紧锁的门，发现男爵已直挺挺地死在床上。健身房的门窗从里面上了锁，任何人都无法进入。天花板离地有15米高，床的正上方有一个方形的采光窗，窗上有铁栏杆，所以，外面的人即使把窗上的玻璃卸下来，也不可能钻进去。可以说，这间健身房几乎是一间与外界隔绝的密室。

那么，男爵为什么会死呢？当地警察查来查去也查不出原因，只好不了了之地认为男爵是绝食身亡。

男爵夫人对警方的这一结论大为不满，于是，她请来了一位名侦探负责调查此案。名侦探立即前往健身房调查，结果他发现，当初男爵躺着的那张床在近期内有被移动过的痕迹。

"夫人，"名侦探说，"请问男爵是否有恐高症？""是的，他只要站到高处，就会恐惧得不行，眼睛发直。"

"哦，既然如此，男爵不幸身亡的悬案也就可以了结了。"名侦探说完，立即通知警方逮捕那4个印度人。

名侦探为什么认为凶手是这4个印度人呢？

破案密钥 假设4个印度人利用了男爵的恐高症

收萝卜

难度指数：★★★★☆

新任知县胡海山刚接过官印，就下乡察访民情。

一天晚上，他来到城外田野里，突然从一条田埂下跳出一个大汉，将胡知县擒住了。

胡知县厉声喝道："大胆毛贼，居然抢到本知县身上！"

大汉将胡知县紧紧抓住："贼喊捉贼，分明是你黑夜来此偷窃，没想到我守候在此，将你当场捉住，你还有何话可说？"

远远跟着胡知县的县衙公差闻声赶来，喝住大汉。那大汉见是自己误将知县当贼擒拿，慌忙磕头谢罪。原来他在附近田里种了两亩萝卜，正想收萝卜上街叫卖时，却发现萝卜已被人偷走大半，他气怒交加，就守在田埂下，想捉拿贼人。未料想竟捉住了本县县官。

大汉伤心地说："我的萝卜被偷，断了生计，如今又冒犯了大人，我甘愿进监服役，尚能勉强解决温饱。"

胡知县说："你且放心，本县一定想办法抓住贼人，追回你的萝卜。"胡知县回到县衙，派人去告诉本城最大的酱园老板，托他高价收购数万斤萝卜。

酱园老板不敢怠慢，四处张贴收萝卜的告示。一时间，四面八方的人闻风而动，人们肩挑车载着萝卜来到酱园。

一天，来了两个送萝卜的人，正在过秤付款的两个伙计只与这两个送萝卜的人说了几句话，就将这两个送萝卜的人带到了知县面前，经过审问，证实了这两个人就是偷萝卜的贼。

胡知县是如何破案的呢？

破案密钥　假设两个伙计问了与萝卜相关的细节

嫁祸他人

难度指数：★★★★☆

一天晚上，秦琴和哥哥秦国辉在驾车的途中车胎爆了，于是他们就把车停在路边的一个修理厂前。坐在副驾驶位上的秦国辉先下车，不一会儿秦琴听到了一声闷响。

秦琴一扭头，没有看见哥哥，又向北看，看到一辆白色面包车前面掉了一个东西，跑上去一看，竟然是哥哥秦国辉，面包车撞了人之后没停，径直跑了。

事故发生后，交警迅速来到现场。秦琴惊魂未定地叙述了当时的经过。

"请迅速将全市的白色面包车资料都收集齐全，并把探头拍摄的画面提取出来。"队长向大家指派工作。

随后，交警们从众多白色面包车中找出了3辆可疑的车，经过与探头拍摄的画面对比，依然无法准确地分辨哪一辆是肇事车辆。于是交警队长分别审问3辆车的车主。

A车车主说："今晚我约了朋友一起喝酒，喝了十多瓶啤酒，于是就叫我的邻居把车开回家，我自己打车回去的。"

B车车主说："今晚我出门办事，我的车就借给了我弟弟。"

C车车主说："今晚不是我开车，是我朋友借了我的车。当时我正在家里睡觉。"

3个人都说自己的车借给了别人。就在队长愁眉不展时，交警小刘送来了一份资料。队长随即找到了破案的关键。他只对3位车主说了一句话，就见C车车主脸上露出了受惊吓的表情。

你知道队长对车主们说了什么吗？

破案密钥 假设队长说已经掌握证据

第四章

科学是最可靠的证据

被移动的尸体

一个夏天的午后，在河边的草丛里，有人发现了一具年轻的女尸。

尸体旁边有一个背包和一瓶有毒的药片。

发现这具尸体的是一对来河边散步的情侣。警察到达之后，迅速检查了这具尸体。

他们发现，尸体下面压着栽种在堤防的松叶牡丹花，上面有红花及黄花三四朵，花已经开了，形成了与压花类似的状态。

除此以外，现场没有查找到更多的证据。

"已经死了十五六个小时了。"刑警如此说道。

"如此说来，现在是下午3点，她大概是在昨天晚上11点到12点之间服毒自杀的。"另一位刑警如此说道。

"就算她是自杀，她死的地方也必然不是这里。她是在其他地方死亡的。

而且，在今天早上太阳升起之后，有人才将她的尸体运到这里的。"发现尸体的那对情侣中，那位女性如此判断。

她说这话证据何在呢？

破案密钥 松叶牡丹开花的特点

侦探小说掠影

足迹也和指纹一样，是犯罪搜查中的重要证据。因此，心思缜密的犯人会想尽各种方法，运用巧妙的技巧消除足迹。兹列举代表作：克里斯查纳·布朗的《在自宅猝逝》：穿上芭蕾舞鞋，用脚尖走路，制造出如同木棒尖刺出的足迹。克罗拉的《异样的痕迹》：双腿行动不便的犯人，手穿在鞋内倒着走。狄克森·卡尔的《贵妇之死》：凶手逃离现场时拉着滚轮，以消除自己的足迹。

偷马贼的证词

星期日半夜，骑马俱乐部的英国纯种马被偷了！

根据调查结果，警察认为住在近郊的一位年轻的农夫嫌疑很大！

于是，一位刑警火速前往近郊，要询问其不在场证据。

一场正义与邪恶的交锋就这样拉开了帷幕！

这位刑警有一双火眼金睛，他不会放过任何一条可疑的线索。

年轻的农夫能说会道，毫不示弱。

这位年轻的农夫回答："我怎么可能偷马！星期天晚上，我一直都在家里。因为我养的母骡子生产了，所以我彻夜都在照顾它。只不过它因为难产，大清早，母子都死了！唉，我真倒霉啊！求求你放过我这可怜的人吧！"

办案刑警听着农夫的长篇大论，若有所思。

这位农夫一边说，一边仰坐在地上，捶胸顿足。接着，他又是擤鼻涕，又是抹眼泪。他一边这样装腔作势，一边偷偷地打量着办案刑警。

显然，农夫是个非常狡猾的人。

办案刑警经验丰富，对此见惯不怪。他异常冷静地问：

"请问，您也饲养了公骡子吗？"

"是啊！我本想让它们交配，多生几只小骡子，却失败了。唉！如果我请兽医来接生，就不会发生这种事了。只可惜我没钱！"

这位刑警忽然哈哈大笑："编得太有趣了！可惜，你犯了一个常识性的错误……"

农夫听完瘫倒在地。

这是怎么回事？

破案密钥　骡子是否会生育

 你肯定不知道

20世纪前20年人类的发明：齐柏林硬式飞艇，扬声器，空气调节装置，自动售货机，圣诞树彩灯，双刃安全剃刀，飞机，即溶咖啡，人造树胶，霓虹灯，汽车上的电点火装置，纸杯，纵横拼字谜，不锈钢，摇头丸（最初是一种减肥药丸），航空食品（第一次出现在飞往乌克兰的一架俄罗斯航班上），经过加工的干酪，坦克，爆米花烤箱。

伪造的遗书

洛杉矶的观光旅馆内发生了客人服毒自杀事件。

这个案子由洛杉矶警察局的名警探哥伦布调查。

现场的情况是：死者横躺在床上，是一位中老年绅士。

从表面上看，好像是他服用了硫酸，自杀死亡。哥伦布开始询问旅馆负责人。

"他3天前住进这家旅馆，是英国人。桌上还留有遗书。"旅馆负责人不慌不忙地说道。

哥伦布上前一看，这是一封用打字机打出的遗书，只有签名及日期是用笔写的。

日期是"3 /15/90",也就是1990年3月15日。

这个日期似乎成了破案的重要线索。

哥伦布警官读过了遗书,陷入沉思。忽然,他高声问旅馆的负责人:

"如果你说他是英国人,那么这封遗书就是伪造的。这是他杀,死者被伪装成了自杀的样子。犯人或许是美国人。"

哥伦布警官判断得正确吗?其证据何在?

破案密钥 日期的写法

侦探小说掠影

　　麦克罗·西恩是美国作家布赖特·哈里德笔下的私人侦探。他满头红发,满脸皱纹,但笑起来很温和,令人猜想不出此人是一个强悍的硬派侦探。他在美国迈阿密一带很有势力,手下情报人员众多。每次发生案件,他总比警察早一步赶到现场,临危不惧。他的习惯动作是手拉耳垂,据说是为了长寿。他酒量较大,但只喝白兰地,其他名酒从不沾口。

不见踪影的火魔

植物学家 R 博士在自家的庭院中修建了一间温室，用以栽培名贵的花草。然而，一个冬日晴朗的白天，这间温室发生了火灾，温室中的枯草着了火，大火熊熊燃烧起来。

但是，温室里面没有易燃物，也没有被放火的迹象。因为前夜才下过雨，如果有人纵火，庭院周遭的泥土一定会留下足迹，但一个足迹也没有。

R 博士找不出起火的原因，于是请团侦探调查。

团侦探立即赶赴现场，仔细搜查取证。

"博士，昨夜雨量大致多少？"

"庭院里的降雨计显示，差不多有27厘米。但是，今天早晨万里无云，天一下子就放晴了。"

"在太阳照射下，温室里大约多少摄氏度？"

"冬季的话，约十七八摄氏度。但我不认为这样的温度会引起自燃。"

"没有取暖装置吗？"

"没有。"

"屋顶上有透明塑胶盖板吧？是不是积了很多水？"

"的确。"

"原来如此！我知道失火的原因了。"

团侦探立即解开了谜底。

真相到底是怎样的呢？

破案密钥　凸透镜

你肯定不知道

20世纪30年代人类的发明：世界杯，易拉罐，宝丽来太阳镜，自动洗衣店，道路斑马线，罐装啤酒，流行音乐排行榜（美国《Billboard》杂志首创），原子笔，施乐复印机，家用电冰箱（美国通用电气公司发明），电脑，立体声录音机。

血型辨凶

难度指数：★★★★★

某财团的董事长有两个儿子，大儿子康拉德和小儿子康奈尔。一天深夜，新婚3天的康拉德死在家中，康奈尔也突然失踪了。

警方立即展开调查。

他们发现康拉德生前和康奈尔为了争夺财产继承权，早已互不理睬，甚至扬言要杀死对方。

警方在勘查现场的时候发现，死去的康拉德的血型是A型，他身上还有别人的血迹，为AB型，看来是凶手的血。

然而，小儿子康奈尔失踪，警方无从知道他的血型，但是却知道，他父亲的血型是O型，母亲的血型是AB型。

另外，大儿子康拉德的衣服上还留有他夫人乔丽莲的指纹！

乔丽莲的血型是B型，现已经怀孕两个月。

　　而乔丽莲是在和康拉德结婚前一个月才同前夫霍布斯离婚的，霍布斯在离婚后第二天离开了当地，无法调查血型。

　　面对如此复杂的案件，探长三言两语便指出症结所在，警方也很快将凶手捕获。

　　根据以上线索，你能判断出谁是凶手吗？

破案密钥　血型知识

侦探小说掠影

　　点字是以手指接触纸面突起的点阅读，也就是所谓的"触读"。这是1829年，法国盲人路易·布莱叶想出来的。点字是依点的排列显示字画，对于不会读点字的人而言，那只是一种花纹或无意义的凹凸而已。点字常被用作侦探小说中的简单暗号或着色记号。

　　小林久三的《生锈的火焰》描写绑架勒索的犯人在地铁车站售票机上贴上点字胶带，指示交付赎金者不断变更交付赎金的场所。因为跟踪的刑警不会解读点字的指示，遂导致跟踪失败。原来，此方法只适用于交付赎金者会读点字的情况。

智破**绑架案**

难度指数：★★★★★

一天，老约翰急匆匆地跑到警局，找到自己的好友希尔探长说自己在早上接到一个匿名电话说女儿卡莉被人绑架了，如果想要回女儿，就需要拿100万美金作为交换，否则他们就会撕票。另外那个匿名人还特地嘱咐老约翰不能报警，否则就再也见不到女儿了。

老约翰急得团团转，可是思来想去，又没有别的办法，只好来找自己的老友帮忙。希尔探长安慰他说："如果绑匪再来电话，你就直接告诉他，为了证实女儿卡莉还活着，请他们送一张卡莉的照片过来，同时在交钱前一定要保证卡莉的安全，剩下的你都听他们安排。"老约翰赶紧点点头。

就在这天下午，老约翰收到了绑匪寄来的照片，确认了女儿的安全之后，就立即把照片交给了希尔探长。凭着这张照片，就在老约翰向绑匪交钱的时候，警方一举抓获了劫犯，并成功地营救了卡莉小姐。

你知道这张被绑架者本人的照片与破案有什么联系吗？

破案密钥 卡丽的眼球

巧克力之谜

难度指数：★★★★★

这是一个气温超过38℃的炎热夏天，附近连个空调都没有。探长威尔逊站在月台上，向刚刚到站的火车张望着。"威尔逊先生，您要去旅行吗？"突然，背后有人叫他。威尔逊回过头，发现叫他的人是和他正在侦查的一件案子有关的杰里。他笑了笑："这么热的天，我是来接人的。""哈哈，真巧，我也是。"杰里说着，从手提包里掏出一块巧克力，掰了一半递给威尔逊，"应该还没吃午饭吧？先来点巧克力。"威尔逊接过巧克力放到嘴里。

巧克力硬邦邦的，威尔逊的脸色马上变得十分严肃："你分明刚刚下火车，怎么却告诉我说你是来接人的？为什么要对我撒谎呢？"

杰里本想蒙混过关，冷不丁被他这么一问，顿时愣了一下，还想抵赖：

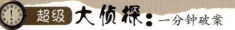
"你刚才看见我下火车了吗?怎么说我说谎了呢?" "我没看见你下火车,可就是知道你在撒谎。"威尔逊斩钉截铁地说。

为什么威尔逊断定杰里在撒谎呢?

破案密钥 巧克力在气温高时会怎样?

你肯定不知道

　　20世纪40年代人类的发明:尼龙丝袜,肯德基,彩色电视,塔伯家用塑料制品,爱尔兰咖啡,原子弹,微波炉,吉普车,宝丽来照相机(可在60秒内洗出黑白相片),慢转密纹唱片,可多次使用的尿布,第一台由软件驱动的电脑。

神秘的青铜像

难度指数：★★★★☆

埃夫文的妻子被人杀死了。埃夫文对检察官说："昨晚我很晚回家，刚巧撞上一个人从我家跑出来，他跌跌撞撞地跑下楼梯。借着门口那盏昏暗的灯，我认出他是吉姆·西斯蒙。"

被告西斯蒙愤怒地嚷道："他在撒谎！"

埃夫文继续说道："西斯蒙大约跑出一百米远，扔掉了一件什么东西，那东西在乱石坡上碰撞了几下后滚落进深沟，在黑暗中撞出一串火花。"

"这是胡编！诬告！"西斯蒙气得满脸通红。

检察官举起一座森林女神青铜像："对不起，西斯蒙先生，我们在深沟里找到了这件东西，要是再晚一个小时，那场大雨也许就把这些线索冲掉了。铜像底部的血迹和头发是埃夫文太太的。我们在铜像上取到一枚清晰的指纹——这是您的指纹。"

西斯蒙反驳道："我当时根本就没去他家。昨晚7点埃夫文打电话给我，说他8点钟想到我家来谈点事。我一直等到半夜，也不见他来，就睡觉了。至于指纹，那可能是我前几天在他家拿铜像玩时留下的。"

检察官感到案情很复杂，于是找到大侦探麦克哈马，把案情说了一遍，最后说："埃夫文和西斯蒙是同事，两人以前的关系很好，最近不知为什么关系开始恶化。"

麦克哈马听完检察官的陈述后，说："凶手不是西斯蒙，有人在诬陷他。真正的凶手是……"

你知道真正的凶手是谁吗？

破案密钥 青铜的特点

侦探小·说掠影

利用滑雪技巧逃离现场的推理小说，见于阿加莎·克里斯蒂的古典作品《滑雪场之谜》。被雪覆盖的山村，在举行降灵术时发生了杀人案件。步行下山需用一小时以上时间，犯人滑雪下山，只花了十分钟便到达了目的地，并借此伪造了不在现场的证据。在滑雪已成为大众运动的现在，虽然是一点也不奇妙的滑雪技巧，往往也能使罪犯加速逃脱。把雪橇当成凶器的作品，见于艾特·马克拜恩的短篇小说《雪人杀人》。

埃及古坛

难度指数：★★★★☆

埃及观光导游拿出一个古老的坛子让大家看，并且大力推销。

"这是从古埃及国王拉姆斯二世的金字塔中挖掘出来的古物。虽然有点破损，却是稀世珍宝。坛腹的象形文字意为'阿莫最爱之物'。阿莫是拉姆斯的王号。他于公元前1290年至公元前1356年在位，君临埃及67年，是一位伟大的国王。在位于埃及南部尼罗河上游建造阿斯旺大坝，建立阿布辛贝勒寺古埃及神殿，约3200年前尼罗河上游的古代遗迹中的人就是这位国王。所以，这是世界上难得的珍奇古物，绝对值得珍藏。"

如果你很有钱，会买这个古坛吗？你能识别这古坛的真伪吗？

破案密钥 公元前的年数如何计算？

193

被忽视的**强盗**

难度指数：★★★★☆

一天，喀秋莎小姐发现自己的钻石戒指不见了，就立即报警。警察发现梳妆台上有罪犯的指纹。从作案情况推断，罪犯应该就住在该公寓。警方提取了公寓所有人员的指纹，并没找到与罪犯指纹相吻合的。警察无意之中瞥了一眼饲养猴子的管理员的房间；"罪犯找到了，原来罪犯的指纹忘了提取了。"

那么，你知道偷钻戒的是谁吗？

破案密钥 猴子、指纹

你肯定不知道

20世纪50年代人类的发明：信用卡，有线电视，动力方向盘，袖珍晶体管收音机，减肥软饮料，录像机，不粘锅，主题公园（迪士尼乐园首创），纠正打字机错误的修正液，垒高儿童拼装玩具，氢弹，水翼船，调制解调器，激光，健身呼啦圈。

发型破案

难度指数：★★★★☆

夏天来了，到海边避暑的人也越来越多。海边的一栋别墅里住满了前来度假的游客，使有着白沙、蓝水的海滨热闹非凡。然而，正当人们在海水中畅游的时候，却有个幽灵般的贼潜入了这栋别墅，半个多月来，这个贼连续多次盗窃游客的贵重物品。

警方经过多方调查取证，渐渐地摸清了这个罪犯的体貌特征，于是请画像专家画了罪犯的模拟像四处张贴，提醒游客注意身边的陌生人，发现后及时报告警方。

很快，一位宾馆服务员向警方报告，该宾馆新入住的一位游客与模拟像上的犯罪嫌疑人极为相像。

警察获讯后迅速赶到该宾馆，在服务员的指引下敲开了这位游客的房门。

这位游客长得确实和模拟像上的犯罪嫌疑人极其相像，唯一的区别是，游客梳的是大背头，而犯罪嫌疑人则是三七开分头。

警察要求游客先去警局接受调查，游客极力拒绝并立即指出了分头与大背头的区别，声称自己已来海滨休假半月有余，有许多大背头的照片可以做证，而他只是刚换了个宾馆而已。

说着，游客拿出了许多彩色照片，证明自己一向是梳大背头的。

195

警察有些迷糊了，犯罪嫌疑人和这位客人会不会只是长得相像而已？

这时，宾馆服务员悄悄地向警察建议，带这位游客到理发店做个实验，就能搞明白这位游客是不是在撒谎。

这是个什么实验呢？

破案密钥 阳光照射的痕迹

 侦探小说掠影

用大时钟的指针刺杀敌人的故事，见于狄克森·卡尔的《索命时钟》。

将尸体藏在大时钟内的故事，见于狄克森·卡尔的《时钟内的骨骸》。

身份不明的尸体，外衣口袋内有六个手表，被害人到底是谁？见于柯南·道尔的《满是手表的男人》。

兔肉杀人

难度指数：★★★★☆

布朗是一家公司销售部的副总经理，前段时间，他和同是销售部副总经理的杰克共同搞了一个项目，结果让公司大赚了一笔。

公司老总很高兴，决定在布朗和杰克两人之中选出一个人，提升为销售部总经理。这可是好机会，布朗凭着自己的三寸不烂之舌，在老总面前把杰克明褒暗贬了一番，最终如愿以偿地坐到了销售部总经理的位置。

不过，虽说当上了销售部总经理，但每天面对杰克，布朗的心里还是有点儿心虚。

为了笼络杰克，也为了庆祝自己被提升，布朗决定在自己家举行一次烤肉晚会。

这天，公司的同事们如约而至。

出于礼貌，大家或是带上几枝鲜花，或是带上一瓶果酒，作为礼物送给主人。杰克也不例外，但不同的是他带来的是一只活蹦乱跳的兔子。

他说，这是他姑妈前几天从乡下带来的，他一直没舍得吃，特意带来送给布朗，恭贺他"像兔子一样"迅速荣升。

布朗满心欢喜地把礼物收下了。

晚会进行到一半时，布朗忽然想起那只兔子，于是提议将兔子杀了烤着吃，但杰克极力反对，说自己不愿看血腥的场面，况且自己养了几天的兔子，怎么舍得吃，他让布朗在大家走后自己享用，布朗只好答应了。

可是，第二天吃完这兔子不久后，布朗就七窍出血而死。经法医鉴定，布朗死于阿托品中毒，而且警方在布朗的胃里发现了尚未消化完的兔肉。

警方有点儿奇怪了，兔子是布朗自己杀的，肉是布朗自己做的，他不会自己投毒自杀吧？

如果是杰克给兔子下了毒，那么兔子为什么会活蹦乱跳呢？

破案密钥　　兔子的抗毒性

 你肯定不知道

20世纪60年代人类的发明：第一套电脑视频游戏（《星球大战》），软接触镜头，纤维笔尖钢笔，体重计，用作隆胸的硅胶填充物，按钮电话（贝尔电话公司研制），电脑鼠标，可长期存放的牛奶，石英手表，"傻瓜"照相机，涡流浴室，影碟，盒式录音磁带，安眠药，阿斯特罗草皮，手提电脑，扫描仪，丙烯酸树脂涂料。

河豚料理引发的**刑事案件**

难度指数：★★★★☆

日本很喜欢吃河豚风味料理。冬季的一天，3位客人在下关市一家河豚菜馆品尝河豚料理时，突然，其中一人四肢抽搐，口齿不清。惊恐的同伴赶紧通知店主，并拨了报警电话。在救护车开往医院的途中，那位客人因呼吸麻痹而死。

看样子死者是河豚中毒，于是警察询问厨师长："你有河豚料理厨师的执照吗？"

"当然有。如果说是我在加工处理上出了什么错，那才是毫无道理的！一定是这3个人中的哪一个人偷偷地带来了河豚毒素的结晶物，投放到被害人吃

河豚火锅用的酱油调料里面。在河豚菜馆吃河豚，如果客人因吃河豚中毒死亡，菜馆的厨师长当然要受到怀疑，菜馆也会被停止整顿。我知道这是恨这个店老板的家伙才干得出的勾当。"厨师长气愤地回答说。

"你能肯定你的判断没错吗？"

"我可以肯定。如果你们认为我说谎，请你们看看这个。"厨师长从操作间的一个垃圾桶里拿来3个刚扔掉的鱼头，摆在警察的面前说："这就是我无罪的证据。"

你知道为什么吗？

破案密钥　无毒的河豚

侦探小说掠影

不是只用眼睛看就叫观察。眼见与观察有很大的差别。

所谓事件，只要有不可解之处，就很容易解决。看起来平凡无特征的犯罪才真的棘手。

人不要在说明事实的理论上打圈圈，应该配合理论的说明，慢慢揭开事实真相。

——名侦探福尔摩斯语录

谜局

难度指数：★★★★☆

瑞祥珠宝店是全市最大、最有名气的珠宝店。

店里有各种名贵的饰品，每一件都价值连城。

一天凌晨，珠宝店工作人员发现珠宝被盗了。

接到报案后，警察立刻到现场进行调查。

据当夜值班的小汪说，夜间他没有听到任何动静，早晨起床之后，他打开大门准备擦洗橱窗时，才发现橱窗的玻璃被人割了一个大洞，里面放的一枚贵重的钻石戒指不见了。

警察在调查中并没有发现作案者留下的指纹，也没有其他任何痕迹，只是有个警察注意到玻璃是用很高级的玻璃刀割开的，破口处很整齐。

警方觉得这个案子很棘手，一时不知道该怎么办才好。

过了一段时间，有人发现丢失的那枚钻戒被人卖掉了。

警方马上找到了卖钻石戒指的人，原来他正是当夜值班的小汪。于是警方立即逮捕了小汪。

但是，在小汪家里并没有发现玻璃刀之类的作案工具，小汪也确实不是用玻璃刀作的案。

小汪到底是用什么工具把玻璃割破的呢？

破案密钥　什么能切割玻璃

深夜劫案

难度指数：★ ★ ★ ☆ ☆

　　夜深人静，警长带着助手巡逻。当他们路过一片工地时，一个黑影突然从拐角处一闪而过。警长立即奔上前去，看见那黑影闪进一幢宿舍。

　　警长疑惑地刚转身，一名女工气喘吁吁地奔上来，见警长穿着警服，女工哭着说自己刚才被一男青年抢走了钱包、手表、金项链等物。

　　警长问女工抢劫犯特征，女工回答说抢劫犯留长发，且有较长的胡子，随手提一黑色皮包，其余说不清楚。

　　警长立即带女工敲门进入宿舍，先后走访三户人家，虽都有男青年，却没有符合抢劫犯面貌特征的人。

　　进入第四户人家时，一独居男青年正在看录像片，此青年却是板寸头，也无胡子。

　　警长正疑惑地想发问时，女工发现屋角有一黑包，指认说那正是抢劫犯携带的皮包。

　　男青年却回答说那是一个朋友遗忘在这里的。说着，男青年打开皮包，拿出几罐啤酒，并想打开啤酒给警长喝。

　　拉罐时，可能用力过猛，易拉罐中喷出的泡沫溅了男青年一脸。

　　警长冷笑一下，立刻认定男青年正是那抢劫犯。

　　你知道抢劫犯露出了什么破绽吗？

破案密钥　泡沫是怎么产生的

202

蹊跷的死亡

难度指数：★★★★★

　　夏日，一场阵雨过后，住在郊外的李先生被发现死在了自己的书房里。他倒在二楼朝北的窗旁，右额发际处有一个伤口，似遭钝器击打所致，但伤口中央皮肤裂开，微卷，呈焦黄色，而且这一处的颅骨摸上去似有骨折的现象，无法想象凶手使用的是什么凶器。

　　死者穿着长袖衬衫和休闲长裤，衬衫领口露出一抹红色的印迹，类似皮下出血，死者的左手手腕上的表停止在9点51分，但表完好无损。

　　警方勘查现场，发现尸体左手旁有一支钢笔，似乎是在死者摔倒时掉下来的，但奇怪的是笔帽和钢笔尖都不见了，好像凭空消失了似的。

　　此外，警方还发现，尸体旁边窗上有一个小孔，类似圆形，边缘略光滑，有3条小裂缝。小孔距离地面的高度，比死者的身高低大概5厘米。但该小孔却并非洞孔，而且尸体位于二楼，附近并没有屋舍。

　　此时，法医尚未赶到，于是警员们开始向死者身边的人询问调查。3个小时后，警方锁定了两名犯罪嫌疑人之后，再次勘查犯罪现场，却发现死者颈部的出血点不见了，那里只留下微微的红印子和卷曲的汗毛！

　　探长思索了片刻，讽刺地笑了笑："看来，我们的知识还不扎实。"接着探长对一脸困惑的警员们说出了李先生的真实死因。

　　你知道死者到底是怎么死的吗？

破案密钥　雷击的特征有哪些

中蛇毒而死的人

寒假到了，曼尼终于可以和爸爸到塞米尔丛林去探险了。

一个阳光明媚的上午，曼尼和爸爸进入了塞米尔丛林。塞米尔丛林处于温带地区，父女两人感到阵阵寒意。原始丛林之中，地上随时有断掉的树枝，厚厚的腐烂的落叶盖在地面上，让人不知深浅。曼尼和爸爸小心地向前行进，由于时值冬天，林间动物很少，只会偶尔蹿过一两只曼尼不认识的小动物……

突然，曼尼看到一个人躺在树旁。"爸爸，这位叔叔睡在这儿太危险了吧？"爸爸仔细观察后说："他不是睡着了，他已经死了，好像是中毒而死的。"说完，爸爸马上报了警。

听说是中毒死亡，迪亚警官邀请了医学专家一起前来。专家对死者进行了检测，发现死者大约是在15个小时前死亡的，而且血液中含有当地一种叫作索尔的毒蛇的毒素，并且还在死者的颈部发现了蛇咬的伤口。

专家得出结论道："死者理论上是被毒蛇咬死的，但是……"还没等专家说完，迪亚警官接着说："但是不可能是被毒蛇咬死的！"

迪亚为什么说死者不是被毒蛇咬死的呢？

破案密钥　毒蛇什么季节冬眠

古老的壁画

难度指数：★★★☆☆

考古学家维尔那教授正艰难地行走在荒僻的山林里，他的身边，是一个皮肤黑黑的青年。他们背着沉重的器材，拉着身边的树枝野藤，手脚并用，在陡峭的山崖边，小心翼翼地往前摸索。

今天早上，黑皮肤青年找到维尔那教授，故作神秘地说："昨天傍晚，我的一只羊走丢了，我就在山上到处寻找，忽然发现一个山洞，我就走了进去。借着一点日光，看到洞壁上有很多画，可是看不清楚，洞里阴森森的，可怕极了，我就逃了出来。听说您是研究古代壁画的专家，我可以带您去。"维尔那教授一听，这也许是重大的考古发现啊，就马上答应了。

他生怕别人知道以后，把功劳抢了去，就谁也没有告诉，独自跟着青年出发了。

几天过去了，维尔那教授没有回来，黑皮肤青年却来到考古研究所，拿出一张照片说："我在一个山洞里，发现了最古老的壁画，可以卖给你们。"研究所的专家一看，只见照片上是一面山洞的石壁，上面画着原始人的生活场景：几只小鸟停在大树上，大树下面是飞奔的小鹿，有一群矮小的野人，正在追赶一只庞大的恐龙，还有太阳、月亮和星星。专家问："这张照片是哪里来的？"青年说："是一个考古学家拍的，他还说，这是最古老的壁画，很值钱的。"

专家听了，悄悄去报警："我们这里有一个骗子，他可能还谋杀了维尔那教授！"警察赶来了，马上对黑皮肤青年进行审问，结果查明了，是黑皮肤青年杀害了教授，还想用教授拍的照片来骗钱。

专家为什么会发现黑皮肤青年是个大骗子呢？

破案密钥 恐龙出现的年代

黑衣男人的诡计

有两名私家侦探，他们结伴到某滑雪场附近的朋友家里过冬。这天，下着鹅毛大雪，两名私家侦探到屋外散步，边走边聊天。可是，当转过一片小树丛的时候，忽然从树丛后面跳出来一个全身上下湿漉漉的黑衣男人，他慌张地向两名侦探求助，并激动地说自己的朋友落水了，自己跳下去救了半天也没救上来，只好来求助。

两名侦探没有多想就立刻和那个黑衣男人一起向湖边跑去。半小时以后，他们终于到达了发生事故的地方。这时，其中一名侦探注意到那个黑衣男人的衣服都快结冰了，他连忙把自己的大衣脱下来给他穿上。至于黑衣男人的朋友，由于大雪下个不停，破裂的冰层上已经结了一层薄冰，又经过了这么长时间，大家都明白失足落水的人已经没有生还的希望了。

了解到这样的情况后，那个黑衣男人扑倒在地，伤心地大哭起来："阿杰，我来晚了。"那名侦探拉住黑衣男人说："算了吧，别再装了，你虽然精心策划了谋杀，但还是留下了破绽。"

另一名侦探有些不解地问道："冰层破裂不像人工切割的样子，你怎么判断他的朋友是被害死的呢？"那名侦探微笑着说："不错，冰层的确是自然破裂的，但这并不能说明他的朋友是失足掉下去的。根据我的判断，很有可能是被他杀害以后，扔到水里面去的。"

你知道大侦探为什么能识破黑衣男人的诡计吗？

破案密钥 水的冰点

寻找放哨的人

在一个极为寒冷的夜晚，格里利巡警刚巡视到市里一家商店的门口时，一只猫突然从他身旁蹿过，进了一个胡同。

格里利注意看那只猫时，发现柯林斯珠宝店橱窗里有手电筒的光线扫过。

格里利立即请求支援，一辆警车随后赶到。

3个警官都拔出手枪，封锁了珠宝店的前后门。但为时已晚，盗贼逃跑了。

警官们发现展橱已被打开了一半，这就说明，有人报信给盗贼。

"他们一定有放哨的。"格里利说。

几秒钟后，他的判断得到了证实。

警官们在珠宝店的地板上发现一部对讲机，看来是盗贼丢掉的。"快！"格里利说，"刚才我看到有3个人在外面游荡，其中一定有那个放哨的……"

警察们迅速行动，搜查了10个街区，逮捕了3个在街上闲逛的人，格里利还能记住他们的样子。

"我正在等公交车。"第一个挂着手杖、戴着墨镜的人说道，"我是一个盲人，在柯林斯珠宝店隔壁工作，今晚我工作到很晚，听到了街上有动静，但我看不见。"

第二个人是一个妇女。"我的车坏了。"她在夜晚的寒风中颤抖着说，

"我出来找修车铺，你们可以检查我的车，它现在还是坏的。"

第三个人是一个无家可归的酒鬼，他手中拿着喝了一半的威士忌酒瓶，瓶中的酒在严寒中已经有部分结冰了。"我正想着自己的事情，"他含混不清地说，"想找一个暖和的地方睡觉。"

"一个盲人，一个陷入困境的开车的人，一个酒鬼。"格里利对他的同事们低声说，"我知道是谁在替盗贼放哨了。就是那个酒鬼。"

格里利为什么说酒鬼是放哨的呢？

破案密钥 酒的冰点

你肯定不知道

20世纪70年代人类的发明：电脑软盘，电子邮件，袖珍计算器，可随意粘贴便条，文字处理软件，Beta制大尺寸磁带录像系统，自动调焦照相机，苹果第二代电脑，《太空入侵者》（世界上首套巷战视频游戏），移动电话（手机），索尼随身听，吸脂术。

鸡蛋中的针

难度指数：★★★★★

一天，卡菲尔探长和朋友相约在酒吧见面。

探长突然注意到有一桌客人非常活跃，似乎是在玩酒后打赌一类的游戏。

卡菲尔和朋友也饶有兴致地坐在一旁观看着。这时，一个男子打赌输了，于是便被众人哄起，表演吞鸡蛋。

周围的人都欢呼雀跃，男子也是骑虎难下。愿赌服输嘛，男子想了想，无奈之下，也就只有站起来准备硬着头皮表演。

只见那人打开第一个鸡蛋，仰起头咕噜一下猛吞，接着又吞了第二个、第三个，全场立刻响起了喝彩声。

可是就在男子要吞进第四个鸡蛋时，突然脸色一变，惨叫一声，便口吐鲜血，捂着喉咙痛苦地呻吟起来。

周围的人大吃一惊，乱成了一团。卡菲尔马上叫了救护车，在救护车还没有到现场的这段时间里，卡菲尔仔细观察了男子的情况，他发现，男子的喉咙里有一枚钢针。救护车赶到把男子送到了医院。

男子离开后，卡菲尔在酒吧现场展开了调查，钢针是怎么被男子误吞下去的呢？卡菲尔一头雾水，他的眼睛无意间看到了放在桌子上的鸡蛋，他两眼一亮，他调查到所有的鸡蛋都是由一个叫安顿的人提供的，于是卡菲尔找到了他。

但是安顿根本不承认，卡菲尔只好把他使用的手法说了出来，他才认罪了。

你知道安顿是如何将针不留痕迹地穿进鸡蛋里的吗？

破案密钥 蛋壳遇到醋会如何

大案追踪
之 绝密档案

案件：波旁王朝十七世身世之谜

案件回放

法国波旁王朝路易十六执政时期，封建制度陷入了空前的危机。1789年，资产阶级革命爆发了。1792年9月，路易十六被废黜，从而宣告了封建制度在法国寿终正寝。1793年1月，末代君主路易十六和王后被押上断头台，他们的儿子被投入巴黎圣殿骑士团寺院监狱。

两年后，年仅10岁的路易十七夏尔·路易因患骨结核病在狱中病故了。

1815年波旁王朝在法国复辟后，人们多方寻找前太子的遗骨，却一无所获。于是很多人不相信太子真的死了，关于他已遇救的说法从此不胫而走。

疑点丛生

还有言论传出，说路易十七并没有死，而是在保皇党人的策划下成功越狱，隐身于国外，而狱中病逝的男孩只不过是个替身。

究竟哪个说法才是事实的真相？路易十七是毫无悬念地病死在了狱中，还是戏剧性地成功越狱，流亡国外了呢？

交锋

19世纪初，世界各地冒出了一百多个"路易十七"，但围绕路易十七的生死之谜，一次次的法庭审判和议会辩

论、政府声明，以及数以百计的各种著作，数不清的报刊文章纠缠不清，最后还是没有得出结论。

然而也有一些自称是获救的夏尔·路易的人得到了多方承认，其中最难辨真假的是一个叫卡尔·威廉·诺道夫的普鲁士钟表匠，他最终得到了波旁王朝家属的认可。诺道夫于1834年抵达巴黎后，路易十六的司法大臣和太子的家庭女教师立刻认出了他。

1845年，诺道夫死后，他的墓碑上刻着下列句子："这里安卧着路易十七——诺曼底公爵——法兰西和诺瓦尔国王。"

但盖棺仍未能定论，当时就有人质疑诺道夫的真实身份，认为他只是个冒充的角色。此时，摆在这个案子面前最关键的问题是：死于狱中的男孩究竟是不是路易十七？这个问题困扰了法国史学界两百多年，其间曾两次开棺验尸，但都没有定论。

DNA检测

DNA是"脱氧核糖核酸"的英文缩写，是组成各种生物的重要遗传物质。不同生物中的DNA数量、结构和排列组合方式各不相同，各有其特殊性，由此造成了生物的千差万别。同时，同一种生物的不同个体之间，DNA的排列组合亦各有其特殊性，绝不雷同。因此，DNA同指纹一样，可用于个体识别。

真相

1993年，经法庭同意，开棺验尸。法医从钟表匠诺道夫的手臂肱骨中取样，与保存的路易十六的妻子玛丽·安托内特王后及她的两个姐妹的头发一起做DNA检验，结果查明：两者间的DNA没有相同之处——这个结论排除了诺道夫与王后家属存在血缘关系的说法，诺道夫的墓碑随即被撤去。

1999年12月，法医又将保存在巴黎郊区圣丹尼大教堂水晶瓮中的当年狱中病故男孩的心脏切片取样，与安托内特王后、王后的姐妹阿若阿纳加迪拉公主和马达约瑟法公主的头发，以及两位在世的王后母系亲戚罗马尼亚王后安娜和兄弟安德烈的基因样本进行亲子鉴定。1999年12月15日，装在水晶瓶内的路易十七的心脏被送往法国巴黎的一家实验室做DNA测试，以解开他的身世之谜。

1795年在巴黎那所监狱里病故的那个10岁男童，是不是法国国王路易十六的儿子？这桩纠缠了人们200多年的公案终于在2000年4月19日得出结论：是。

大画家的遗作

索斯比拍卖行正在进行一年一度的美术作品拍卖会。

主席台上，拍卖师一连拍出了几十张画作。最后，到压轴的顶级作品拍卖了。只听拍卖师高声说道："现在开始竞拍大画家道山的遗作——一幅素描画，底价为25万美元。"

"26万！"一人喊道。

"27万！"另一人喊道。

"28万！"又有一人举起了号牌。

……

这时，人群里有一个人站了起来，问道："请问拍卖师先生，能否让委托人将这幅素描的来历说明一下，让现场的所有人能够了解它的真正价值？"

拍卖师一瞧，说话的是有名的侦探查理，拍卖师知道他也是一位书画收藏家，便爽快地答应了。

很快，一名叫乔治的人走上台来，对台下的人说道：

"各位，3年前，道山和他的好友福山在一次旅行途中遇到暴风雪，道山不慎摔断了腿，大雪掩埋了他的画具和作品，一连几天气温都在零下几十度。福山眼见道山伤势严重，便把道山背进了一个废弃的木屋里，用自己的两只手套堵住了窗上的破洞。道山预感到自己的伤势很重，挺不了多久，便叫福山在一个旧橱中找到一支旧钢笔和一瓶墨水，然后匆匆地画了一张素描，之后便去世了。这张素描就是现在要拍卖的素描。"

"你认为你现在委托拍卖的这幅道山素描就是道山的遗作了？"查理问道。

"对，就是道山临终的遗作——一幅价值连城的遗作！"乔治肯定地回答道。

"可是，我要告诉你，这幅道山的遗作一文不值，因为它是一张伪作！"查理愤怒地说道。

查理马上走上台，大声地向全场说出了他的理由，乔治一下子傻眼了。

你知道这是为什么吗？

破案密钥 墨水的冰点

县令验伤

从前，有一个叫胡昆的恶棍，他经常无事生非，打架作恶，连县令也不敢管他。

一天，他把一个叫柳生的人打了，柳生告到了县衙。恰巧这时前任县令因贪污被革职了，新任县令李南公受理了此案。他查明情况后，派人把胡昆抓到了县衙，重打40大板，并罚他给柳生20两银子作为赔偿。

胡昆回到家，气得几天吃不下饭。他从没受过这个气，发狠心要报仇。

这天，他把心腹申会叫到跟前，商量怎样才能报仇。申会鬼点子很多，他朝院子里的一棵树看看，然后鼠眼转了几转，便想出了一个坏主意。他对胡昆一说，胡昆脸上露出了阴险的笑容。

几天后，胡昆又找碴儿把柳生打了。这次比上次打得更狠，柳生身上青一块、紫一块，柳生痛苦不堪。他被人搀扶着又来到县衙告状。

李南公听柳生哭诉了他被打的经过后，不禁大怒，命人立即把胡昆抓来。

不一会儿，胡昆来了，但不是被抓来的，而是被抬来的。只见他哼哼呀呀，在担架上疼得乱滚。

李南公上前一看，不禁一怔。只见胡昆身上的伤比柳生还重，浑身也是青一块、紫一块，几乎没有一块好地方。

这是怎么回事呢？李南公沉思了一会儿，终于想出了一个办法。他走到柳生跟前，轻轻摸了摸伤处，又走到胡昆跟前，也轻轻摸了摸伤处，然后说道："大胆胡昆，今日作恶不算，还想蒙骗本官，给我再打40大板！"

于是，胡昆又挨了40大板。打完后，李南公又问道："还不从实招来。"

"我说，我说……"胡昆怕再挨打，只得如实交代了假造伤痕的经过。

李南公是怎样检验出胡昆伤痕是假造的呢？

破案密钥　树叶汁液能染色

龙卷风

难度指数：★★★★★

美国中部堪萨斯州是一个龙卷风多发地带。这段时间，龙卷风又一次袭击了这个地方，并毁坏了一些基础设施，一位妙龄少女也在龙卷风中丧生。

接到报案后，洛波特探长带着几名警员赶到案发现场。据调查，死者叫米拉，躺在公路边的排水沟里，后脑有伤痕，身旁干涸的水沟中有均匀的圆形血迹。洛波特探长发现在尸体不远处有一根带血的木桩子。很明显，这是龙卷风刮起了木桩，又砸到米拉的头上，警方认为这是一起自然事故。米拉的表姐迪丽雅对警察说："这都是我的错，当时米拉正在我家做客，起风的时候，她说要回家将自家房屋的顶部盖严实。我告诉她电视台的天气预报说有龙卷风，不让她走，可是她执意要回家。我当时真应该把米拉留下的，那样就不会产生这样的惨剧了。"

米拉的男友费基奇伤心地说："昨天我们吵架了，她走后我曾到处找她，但没有找到，打她电话也打不通。"

发现尸体的是米拉的母亲露丝，露丝含着泪水说："我当时正要去她表姐家接她，但龙卷风刮得太厉害，我寸步难行，只好靠着公路边的排水沟走，这样会比较容易一些。没想到被自己女儿的尸体绊倒，我真的无法相信这一切是真的！我可爱的女儿已经死了！"

警方原本要把这起事件当作自然事故处理，但细心的洛波特探长却发现了一丝线索，于是认定米拉应该是被他人谋杀的，并根据三人的话推测出了犯罪嫌疑人。

细心的洛波特探长发现这起案件有什么不对劲？

破案密钥　血迹与风的关系

215

白色康乃馨

有一位富翁的遗孀独居在旧金山郊区的一栋房子里。5月的第二个星期天，即母亲节的晚上，她被发现陈尸于自家庭院的花园里。

死者腹部中刀，右手握着一朵白色康乃馨。

花园中间开了许多红色、白色康乃馨，似乎被害人被刺之前，有意摘下其中一朵白色康乃馨。

死者死亡时间推定为当天傍晚。

不久，根据搜查的结果，警方滤出了两位可疑的男子。

两人均为被害人的女婿。

罗勃·布洛克，被害人长女的丈夫，高中老师。年幼时父亲生病死亡，由母亲独自抚养长大。他母亲与岳母交恶，岳母总是看不起他贫穷的母亲。

如果他是凶手，那他一定是因为岳母侮辱了他的母亲而生气，杀死了岳母。

亨利·柯林兹，与被害人的次女结婚，建筑设计师。自幼父母双亡，在孤儿院长大，苦读至大学毕业。他很好赌，最近更是面临财务危机。

如果他是犯人，一定是以岳母的财产为目标。

请从以上的资料寻找案件背后的常识，找出真正的凶犯。

破案密钥 白色康乃馨的花语

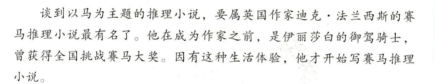

侦探小说掠影

谈到以马为主题的推理小说，要属英国作家迪克·法兰西斯的赛马推理小说最有名了。他在成为作家之前，是伊丽莎白的御驾骑士，曾获得全国挑战赛马大奖。因有这种生活体验，他才开始写赛马推理小说。

古堡里的阴谋

这里正在举行一场"德国古堡巡礼"之旅，令人最为感动的是从美丽的莱茵河上游往下缓缓行进的观光行程。

两岸山丘，葡萄田绵延不尽，到处均可望见大大小小的各种古堡；置身其中，不禁令人产生一种处于中世纪古国的错觉。

有一天，某个古堡里发生了不可思议的杀人事件。

一个积雪满地的早晨，古堡主人全身被绑躺在床上，头部被击中，似乎是

一枪毙命。

根据警方调查，死者已经死亡大约9小时了。

死者的妻子已经亡故，死者一直独居。

凶器手枪被固定在床铺栏杆上，扳机上绑了一条长绳子。这条绳子的一端穿过天花板的吊灯，固定在地面的水桶中的一个青铜工艺品雕像上。一端将一

把手枪固定在床头栏杆上。

真是奇妙的组合。

警方经过调查，终于逮到了嫌疑人——被害人的表弟。但他有在手枪发射子弹的时刻不在场的证据——他正和朋友在邻村的酒店喝啤酒。

手枪到底是怎么发射子弹的呢?

破案密钥　青铜比水重

 你肯定不知道

　　20世纪80年代人类的发明:光盘,微软视窗电脑操作系统,DNA基因识别技术,一次性照相机,3D视频游戏,万维网,高清晰度电视,人工合成皮肤,B型肝炎疫苗,人体增高荷尔蒙,多普勒雷达,高温超导体,数字蜂窝电话。

消失的金块

难度指数：★★★★☆

南非共和国的黄金与钻石产量居世界第一。

以下就是一则与黄金有关的怪事。

得知开普敦市区有一栋大楼的地下室是走私集团的大本营之后，警方展开了大规模的搜捕行动。

但是，警方除了发现了一批5升装的玻璃瓶之外，一克黄金都没发现。

玻璃瓶共有50个，均注入了略显红色的黄色透明液体。

"这些玻璃瓶里装的是什么？"刑警不解地问道。

"是化学药品。我受友人之托，为他寄放。详细成分我也不知道。"大楼管理员回答。

让警方百思不解的是，已经连续跟踪了一个星期，确定这个地下室至少应该有100千克的金块才对呀！

如今，这些金块到哪儿去了呢？

破案密钥　金子能溶解在什么物质里

水盆里的铜钱

难度指数：★★★☆☆

在南京城的秦淮河边，有一个夫子庙。在夫子庙的旁边，有一长溜商品摊子，商贩们扯开嗓子，吆喝着招徕生意。游客们这边挑挑，那边看看，看中了什么好的，就大声讨价还价。这些嘈杂的声音反而增添了节日的气氛。

在这些摊子中间，有两个摊子紧紧地挨在一起，他们一个是卖油的，一个是卖青菜的。卖油郎嘴勤手快，服务热情，所以生意特别好；而卖菜郎呢，总是把烂菜冒充好菜，还短斤缺两，所以生意冷冷清清。卖菜郎却认为是卖油郎抢了他的生意，一直怀恨在心。

有一天，有人来买油，卖油郎忙着招呼顾客，身边的钱箱没有锁，被卖菜郎看见了，他悄悄跑过去，伸手偷了一把铜钱，塞进袖口里。卖油郎一转身，正好看见了，气愤地责问卖菜郎："你为什么拿我的钱？"

卖菜郎却反咬一口说："我没有拿，是你偷了我的钱！"

他们争吵起来，人们只好叫来了县官。县官问清了情况，对卖菜郎说："你把袖口里的钱拿来，让本官看看。"卖菜郎把钱交给了县官，县官看了一眼，皱着眉头说："哎呀，这钱也太脏了，还是先洗干净了，我再判吧！"

他让人把铜钱泡在水盆里清洗，过了一会儿，县官看看水盆，马上就判断出是谁偷钱了。

为什么县官看看水盆，就知道谁是小偷了呢？

破案密钥　铜钱上沾的东西在水里会怎样

侦探小说掠影

柯南·道尔（1859-1930），英国杰出的侦探小说家、剧作家。1891年弃医从文，专写侦探小说。代表作有《波西米亚丑闻》《红发会》《五个橘核》等。他塑造的福尔摩斯已成为世界上家喻户晓的人物。其作品合乎逻辑的推理引人入胜，情节跌宕起伏，人物形象鲜明，涉及当时英国社会现实。柯南·道尔被称为"英国侦探小说之父"，成为世界最畅销图书作家之一。

住在隔壁的通缉犯

难度指数：★★★★☆

珍妮姑娘浑身颤抖，因为她觉得，刚才她看见的那个女人好像是被通缉的维朗尼卡·科特！

这是湖滨旅馆，珍妮乘电梯时看见一对穿着入时的夫妇。

他俩当时虽然戴着大号的太阳镜，但那女人的嘴形和步态，让珍妮想到了电视上女通缉犯的头像。

那个女通缉犯叫维朗尼卡·科特，曾在一所大学里任教。而此刻，她正在被通缉，因为她和一次爆炸事件有牵连，在那次事件中有3人丧生。

珍妮走进自己的房间时，看见那对夫妇走进了隔壁房间。

珍妮想："或许她并不是维朗尼卡·科特。假如没弄清事情，就请警察来打扰这对度假的夫妇，真有点不忍心。不过，如果我能弄清楚他们在说什么，那倒可以给我提供一些线索。"

她贴近墙壁，但只能听到一些分辨不清的微弱声音。

她把一个玻璃杯反扣在粉红色的糊墙纸上，结果仍然听不到什么。

她给服务台打了个电话。

一会儿，科尔医生带着一个黑色的小提包走了进来。

珍妮向他解释了自己的疑虑和打算。

科尔医生耸了耸肩说："可能不行吧。"

珍妮说："这种办法也许行。事关重大，还是试试吧。"

她从科尔的提包里取出一个东西，用它贴着墙壁，想偷听隔壁房间的谈话内容。

啊，听清了！

他们真是科特夫妇，正在商量如何赶一趟飞往阿根廷的班机，以便脱离被逮捕的危险。

于是，珍妮马上给警察局打了电话。

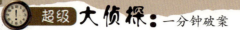
晚上电视新闻的头条消息是：科特夫妇在湖滨旅馆被捉拿归案。
你知道珍妮从科尔的提包里拿出的是什么东西吗？

破案密钥 听诊器的作用

 你肯定不知道

　　20世纪90年代人类的发明："哈勃"太空
望远镜，全球定位系统（美国国防部发
明），DVD，可用于汽车上的氢气燃料电
池，"奔腾"处理器，克隆羊多利，控制
药物释放的"Smart"药丸，手机短信。

半瓶可乐

晚上，马汀探长的朋友泰迪气喘吁吁地跑了过来。"马汀探长！"泰迪喊道，"我家里出事了，快跟我来！"

马汀探长来到他的家里，泰迪满头大汗地坐到椅子上说："我女儿死了，警察说是自杀。我女儿怎么会自杀？我请你帮我找到凶手。"

马汀探长请泰迪说一下详细经过。泰迪说："晚上我到家时已经快10点了，进门后我发现女儿趴在桌子上。我还以为她睡着了，走过去一看才知道她已经死了。我立即报了案，警察在桌子上发现了喝剩的半瓶可乐，化验证明里面混有氰化物。他们就说我女儿是自杀。"

现在，女孩的尸体已被搬走了。但现场保持原来的状态，女孩趴着的桌上放了几张纸。马汀问："那半瓶有毒可乐，原来放在哪？"

泰迪说道："就在桌子上的一张纸上面。"

马汀探长问："可乐打开前，一般放在什么地方？"

泰迪说："在厨房的冰箱里。"说着就带马汀来到厨房，打开了冰箱，果然冰箱里放着很多瓶可乐。泰迪说他的女儿很喜欢喝冰镇可乐，所以他经常准备很多可乐放在冰箱里。

马汀探长又问："桌上那些纸上有字迹，都是你女儿写的吗？"

泰迪说道："没错，都是我女儿写的，是一些失恋的诗句，她最近好像失恋了，一直闷闷不乐。警察说我女儿因为失恋自杀。"

马汀探长又看了看那些写着失恋字句的纸，然后说："你女儿绝对不是自杀，是他杀，可乐也不是你家冰箱里的，很可能是作案者带过来的。"事实上这个女孩子的确是他杀。

马汀探长的判断依据到底是什么呢？

破案密钥 冰镇可乐放在纸上会如何

被风吹丢的稿纸

难度指数：★★★☆☆

这一天，贝拉马尔总工程师和他的学生皮克夏奇坐上了列车，去往某市参加学术研讨会。

最近，贝拉马尔的一项研究获得了成功，他将要在学术大会上发言。

现在，他正拿着一叠论文稿，在做最后的修改。皮克夏奇是一个私心很重的人，他对老师取得的成绩暗暗地妒忌不已。

再过一个小时，列车就要到站了。贝拉马尔把论文稿放在车窗前的小桌上，对皮克夏奇说："我去上一趟厕所，请帮我看着这些文稿。"等到他回来，看见稿纸散落了一地，皮克夏奇吃力地蹲着，正在一张一张地捡。

看到贝拉马尔回来了，皮克夏奇抱歉地说："不好意思，刚才我觉得太闷热，就把车窗打开了，谁知道窗外吹进来的一阵风，把稿纸吹得满地都是。"贝拉马尔安慰说："没关系，不过，这些文稿很重要，千万别弄丢了。"

两人捡起稿纸，一清点发现，少了最关键的两张！

贝拉马尔想，会不会吹到其他车厢里了呢？他马上去找来乘警，请他帮忙寻找。乘警听了他说的情况，摇摇头笑着说："那两张稿纸，一定是被您的同伴藏起来了！"

为什么乘警认为是皮克夏奇藏了稿纸呢？

破案密钥 车厢里的气压比外面高

酒后行凶

难度指数：★★★☆☆

王本发家里不知道什么原因，总有许多蚂蚁进进出出，无奈之下，王本发弄来一些硫黄撒在房子四周。可他没想到硫黄弄到手上之后很难清洗干净，正在他为此事烦心的时候，李四来找他一起去邻村周武家里喝酒。

王本发爱酒如命，一听有这好事自然不会放过，当时就把手上有硫黄的事情抛之脑后。王本发这个人哪儿都好，就是喝醉酒什么事情都敢做。两人喝完酒从周武家回来时已经是半夜了，王本发和李四相互搂着脖子，你一句醉话我一句醉话往家走。第二天早上，有人发现李四死在从邻村回家的路上，胸口被银器刺穿，银器的把柄有些发黑。

警方调查后来到了王本发家里，看见王本发正坐在床上。警察问王本发："你昨晚是和李四一起回来的吗？"

王本发说："开始是的，但走到半路，他非要上厕所，我就没有等他。"

警察问："你为什么没有等他？"

王本发说："那时太晚了，我困得不得了，就先回来了。"

警察在屋里闻到有些怪味儿，仔细观察后发现墙角撒有硫黄。警察从头到脚打量王本发，发现他手上还有残留的硫黄。警察看完马上明白了，对王本发说："你还是老实交代吧，因为你是酒后杀人，警方会酌情处理的。"

王本发一听抱头痛哭。原来，昨天从邻村回来的路上，二人从草丛里捡到了一个银器，由于他们都想占为己有，于是就动手打起来，王本发本来喝醉酒后就什么都敢做，当时一不小心下手太重，用银器杀死了李四。事后，王本发吓得早就顾不上银器了，跌跌撞撞地跑回了家。

你知道警察是如何看穿王本发就是杀人凶手的吗？

破案密钥 硫黄和银器发生反应

嫌疑人的不在场证据

难度指数：★★★☆☆

说到荷兰，人们就会联想到风车及郁金香。

以下是与郁金香有关的案件。

一天晚上，荷兰首都阿姆斯特丹郊外，发生了白色轿车撞倒横穿马路的老人之后飞车逃逸的事件。

轿车驾驶者是住在出租公寓里的一个大学生。

以最快速度驾车逃离现场之后，这个大学生将车子藏在无人的空地，再搭电车返回住处。

进入房间之后，他立即换了件衣服，打开桌上的台灯，翻开书及笔记簿，做出一副正在读书的样子。

他坐在椅子上，吸了一根烟后，突然传来了敲门声。

开门一看，刑警站在门外。

事实上，肇事现场有目击者记下了车牌号码，并立即报了警。

刑警进入屋内，向这位大学生问道：

"你的车停在哪里？"

"在公寓后面的停车场。从昨天起就一直停在那里了。"

"可是我们刚刚找过，没看见！"

"怎么会呢？难道被偷了？"

学生假装什么都不知道的样子，正想出门查看时，被刑警拉住了。

"一小时之前，你在哪里？"

这是在询问他事发时刻在不在场。

"我从傍晚起就一直在房里读书。明天要考试，不啃书本不行。"学生指着桌上的书本说道。

刑警听了，默默不语。

突然，刑警抬头一看，立即有所领悟——桌上的台灯旁有3枝含苞的郁金香插在花瓶里。刑警看见郁金香红色的花瓣缓缓打开的模样，察觉了一件事。"你别说谎了！你根本不是从傍晚起就一直待在这儿读书，而是刚刚才从外面回来的。"刑警说道。

　　这位刑警是怎么识破这个大学生的谎言的呢？

破案密钥　郁金香的花遇光会如何

侦探小说掠影

　　明智小五郎，江户川乱步笔下的名侦探，1925年1月，他在《口阪杀人事件》中初次登场时，是个大约二十五岁，没有固定职业的高等游民，研究心很强，具有学者气质。其研究对象是"人性"，因此他在犯罪学和侦探学方面造诣很深。

狮子的神秘微笑

难度指数：★★★★★

一天，一位美丽的女驯兽师在表演时，被无情的狮子咬死了！

这太令人感到费解了，因为这头狮子跟随这位女驯兽师很久了，她和它已合作了不下数百回！

而且她和它向来配合得不错，从未失败过！

但是，这一天，她像往常一样，带着狮子准备表演，当她刚把头伸进狮子口中时……

突然，狮子出现如同微笑的表情，瞬间就将她咬死了。

演出之前，女驯兽师已经喂饱这头狮子，它应该不会饿啊！

演出之前，女驯兽师也没激怒这头狮子，它应该没生气啊！

难道说，这突然的变故是因为猛兽特有的凶暴本性暴露出来了吗？

难道说，这突然的变故是出于偶然而不是必然吗？

于是，那不可思议的"狮子的微笑"在人们心中画下了无数的问号！

那个令人感觉很奇怪的微笑到底有何含意呢？

运用什么科学知识才能破解此案呢？

破案密钥 香水和花香的共同点

 你肯定不知道

进入21世纪后人类突破性的发明：苹果iPod音乐随身听，人造肝脏，适于在北极严寒气候条件下骑行的冰上自行车，防身夹克。

一只红色的龙虾

A市有一家专门经营龙虾的餐馆，老板是一个非常善良、慷慨的人。

一天，人们突然发现老板在厨房里被人杀死了，而且他的衣服兜里的现金也全被人掏走了。十分悲伤的老板娘马上打电话报了案。

几分钟后，警长王星带人来到了餐馆。

老板娘一边哭一边对王星说道：

"警长啊，我丈夫可是一个慷慨热心的人啊！每当有流浪汉来我们餐馆时，我丈夫总是会给他们东西吃的。我丈夫现在惨遭不幸，我认为一定是那个穿黄上衣的人干的，我在10分钟之前看见他和我丈夫在厨房说话！然后就发生了这事。"

老板娘说完话，便领着王星来到人群当中一个身着一件又脏又破的黄上衣的人面前说道："就是他，你们可别让他跑了。"

王星警长上下打量一番这个人，估计此人就是一个流浪汉，于是便问道：

"老板娘刚才说的话，你都听见了？"

穿黄上衣的这个人马上辩解道：

"尊敬的警长先生，我刚才的确是在这儿的，可我什么也没干。刚才一个戴围裙的人说要给我东西吃，我看见他把一只红色的龙虾放在锅里，他还告诉我20分钟后来吃呢！所以我就站在这等着。"

王星听罢，笑了笑，说道：

"你不用狡辩了，你就是凶手！"

王星警长是如何发现这个人就是凶手的？

破案密钥　龙虾生与熟的区别

侦探小说掠影

　　私家侦探在西方很流行，他们的破案手段主要有密拍、密录、跟踪、监视、询问证人、角色扮演、调取证据等。不过私家侦探并非什么案子都接。如：涉及国家机密的案子不接；委托人的目的不可告人，或其委托不合理不合法的一般不接。当然，缺乏道德感的私家侦探例外。

水中的赃款

一位年迈的父亲在临死前把两个不争气的儿子叫到床前，说："你们两个已过而立之年，却没能娶妻生子，这真是一件让我感到十分遗憾的事情。虽然路都是要靠自己走的，但作为父亲，我也有一定的责任。在我离开这个世界之后，我希望你们二人能互相帮助，共同寻找一条发财路。"

兄弟二人把父亲妥善安葬之后，决定找一条发财之路，经过反复商量，他们最后决定抢银行。从一开始的蹲坑踩点，到熟知进退路线，再到了解银行的内部结构，两个人可以说是下了很大功夫才全部完成的。

行动当晚，两个人在抢劫过程中没有遇到任何麻烦，很顺利地逃离了现场，在经过一条护城河时，哥哥为了行动方便，更好地避开警方追捕，把装满现金的皮箱扔进了河里。

"哥，你怎么把钱扔进河里了？"弟弟不解地问。

"我怕警察在这个时候追上来，所以才出此下策，这条河的水很深，箱子沉入河底是不会被发现的，等明天晚上，咱俩再来这里把钱捞走。"哥哥一边跑一边对身边的弟弟说。

第二天一早，两个人还没来得及去捞装着钞票的皮箱，弟弟打开电视机，主持人正在报道新闻。主持人说："今早，一位晨练的大爷在护城河边无意中发现了一个皮箱，里面装的正是昨晚我市一家银行被抢走的现金。虽然钱已经找到了，可是罪犯仍在潜逃，不过警方表示，他们有信心在一个月之内抓住罪犯。"

兄弟二人看完之后，你看看我，我看看你，傻了眼。

你知道这是怎么回事吗？

破案密钥 纸钞的密度

敏感的008号

难度指数：★★★☆☆

潜入G国的秘密情报员008号半年后回国，他一到家就立即往地下室走去。

地下室的秘密金库中藏着密码解读书及情报活动的资金。

地下室里，地板、桌上积了一层灰尘。

六个月前，他前往G国时，有一台旧电炉就留在了原处。

检查金库后，他没发现任何异常。

他拍去身上的灰尘，立即解读在G国取得的密码。

小泥屋的地下室，又寒冷又潮湿。

他按下电炉开关，电流一接通，镍铬合金管立即发红发热。

008号叼着烟准备点火，但突然感到一阵疑惑。

随即，他像发现猎物的猎犬般耸动鼻子。

"最近一定有人来过地下室。而且，来人不是普通窃贼，显然是别有用心的人，特意不在地板的灰尘上留下足迹。应该是敌方间谍。对方从金库取出密码解读书后，再以照相机翻拍过。"

"当时天气寒冷，所以他开过电炉。离开时，为了消除足迹，还用喷雾器将灰尘吹散，一切复原后才从容逃逸。只不过，他疏忽了一处灰尘，露出了马脚。"

008号面对看不见的敌人，喃喃自语。

008号发现敌人侵入的证据到底在哪里？

破案密钥 电炉的特点

电视破案

难度指数：★★★☆☆

警方在破获一起杀人抢劫案的时候，发现斯蒂森有很大嫌疑，于是就把他抓到警察局审问。一名警察问斯蒂森："你家住在飞机场附近，对吗？"

"对，我想你们不会因为这个抓我吧！我希望你们最好马上放了我。"斯蒂森说。

警察："前天在飞机场附近的一座公寓里，发生一起命案，有位目击者说抢劫犯和你长得非常像。"

斯蒂森："那位目击者只是说相似，并不能说明我就是那个杀人凶手。还有，案发时间，我正在家里看电视，我根本就没有作案时间。"

警察："那你在看电视的时候，有飞机从你家楼顶飞过吗？"

斯蒂森："有，我看电视的这段时间有两架飞机飞过。"

警察："那你看电视的时候，没有发生什么异常情况？"

斯蒂森："你是说电视吗？我的电视质量很好，没有任何问题，告诉你们，如果你们在24小时之内找不到证据，我就起诉你们。"

警察笑着说："证据我们已经找到了，你在说谎。"

警察是从哪里找到证据的呢？

破案密钥 电视信号受到干扰

死者的皮鞋

难度指数：★★★★★

阿泰斯特是一个黑帮的骨干分子，他犯下了累累罪行，于是当地警局对他发出了通缉令。可是就在这个时候，他却突然触电身亡。得知这一消息，警察局的所有人在松了一口气的同时又感到特别疑惑，他到底是自杀还是他杀？于是，他们派出侦破专家麦克海尔探长侦查此案。

这天，晨曦初露，麦克海尔探长带着助手杰弗森来到了死亡现场。这里是一个破仓库，死者就倒在这座破仓库前的泥地上，面部无明显特征，穿一身极普通的工作服，上面沾满泥浆，脚上是一双新皮鞋，鞋底的花纹清晰可辨。他仰面朝天，手心朝上，手背搭在一根因失修而垂下的断电线上，头部有一处伤痕，旁边的石头上还有血迹……

杰弗森知道，麦克海尔探长在观察分析后便要考查自己是如何判断案情

237

的，因此他观察现场就特别仔细认真。他看到，麦克海尔探长在查看了死者那只搭在电线断头上的手之后，便开始专心研究死者服饰。看来麦克海尔探长对死者脚上的那双皮鞋尤其感兴趣，他嚅动着嘴唇，好像在细加玩味似的。杰弗森也探身过去观察了一会儿，心想："不就是双新皮鞋吗，这上面会有什么大文章可做？死因是一目了然的嘛。"

"杰弗森，他的死因是什么？"麦克海尔探长问。

"探长，这不是明摆着的吗？从现场情况看，死者是因道路泥泞打滑，摔倒后，头部撞在石头上，手指碰到电线，触电身亡的。"

杰弗森说完后，麦克海尔探长没有吱声，他在凝神思索。过了一会儿，他才说："死者是被凶手杀害后弄到此处的，而且故意弄脏了衣服，制造了这么个假现场。看来，他们是想杀人灭口！"

接下来，麦克海尔探长分析了自己的判断。事后证实，事情的原委果然与他的推测一样。

麦克海尔探长是凭什么判断这是凶犯制造的假现场呢？

**破案
密钥** 触电而死的症状

公司纵火案

难度指数：★★★☆☆

一天中午，位于史蒂夫街区最大的货运公司忽然冒起了浓浓黑烟！火越烧越旺，公司内的职员陆续撤离出来。等消防车赶到的时候，火势将近失控，大半个公司被浓烟吞没。救援人员花了整整一下午时间才将大火完全扑灭，但损失已经无可挽回：从总裁办公室燃起的火几乎烧毁了公司所有的财产。

当地的警察局局长非常难过，该公司的总裁是一位德高望重的企业家，遭受这样的灾难，谁都不愿意看到。据了解，公司内的防范措施非常严密，不允许抽烟，不允许有明火。那么，火灾究竟是如何发生的呢？

局长先向秘书小姐了解情况，秘书小姐告诉他，保险公司已派人来查验过了，大部分损失将由保险公司承担。接着，局长向总裁表示了慰问，并询问起火的起因。

总裁哽咽着说道："今天中午，我正在看公司文件，忽然电灯闪了几下，接着电源线上冒起一阵火花，火花点燃了桌上的文件，我连忙用水把文件上和电线上的火扑灭，关掉电源，去找电工来维修。谁知道，等我再次回去的时候，整个走廊都已经被浓烟笼罩住了……一切都怪我，早就应该更换老的电源线路，拖来拖去，最终拖出了大事故！"

听了这话，局长觉得有点问题，他再次询问道："你确定火灾是由电线老化引起的，而你又扑灭了火才出去的吗？会不会你走开的时候有人纵火呢？"

总裁肯定地说："不会的，我扑灭了明火才离开办公室，公司看守非常严格，不可能有人在里面纵火。"

局长叹了口气，说道："总裁先生，我非常尊敬你，可是我想你在这个事情上说谎了，火灾和你有很大的关联。"

你知道局长是怎么识破总裁先生的谎言的吗？

破案密钥　水不能扑灭电线上的火

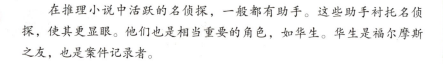

侦探小说掠影

在推理小说中活跃的名侦探，一般都有助手。这些助手衬托名侦探，使其更显眼。他们也是相当重要的角色，如华生。华生是福尔摩斯之友，也是案件记录者。

用心良苦的自杀

有一位老伯，年轻时因为意外失去了左腿。他的子女都成家了，所以，老伯独自住在一座破公寓里。有一天，公寓的管理员例行检查，发现老伯吊死在屋里，而且，已经去世很多天了。

老伯的屋子里都是令人窒息的难闻气味，窗子也关得紧紧的，只有换气风扇在不紧不慢地转动着，并且发出单调且刺耳的声音。

警方接到报案后，很快就赶到了现场，警察发现老伯被一根绳子直挺挺地吊在屋子中间，老伯距离地面有1米，而且身下没有任何用来垫或踩的物品。只有一条腿的老伯是无论如何也不能凭空跃起1米高的。

地上也没有潮湿的痕迹，说明不是用冰块一类的物品做垫脚。绳圈离地也有近3米高的距离。

通过这些，警方断定这是一起谋杀案。可是，屋子的门是反锁的，窗子也

1 m

关得紧紧的，如果是他杀的话，凶手怎么逃离现场呢？

这时，一位很有经验的警察也赶到了现场，他仔细地搜查了房间，在废纸篓里找到一张被揉得皱巴巴的纸团，他展开一看，是一张化学用品商店出具的收据。接着，他看到转动的排风扇。

凭着多年的经验，他立刻明白老伯为什么自杀了。他想用自己的死换取子女们更好的生活。可惜，他精心布置的他杀现场还是被有经验的警察给识破了。

你知道老伯是怎么自杀的吗？

破案密钥　干冰的特点

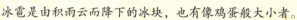

你肯定不知道

当死者遭遇某种无法预料的自然现象而死时，死因就会让人费解。下面给出两种自然现象导致的死亡：

①独自在荒山步行时，头部被大粒冰雹击中，立即死亡。数日后，当尸体被发现时，就会怀疑他是被别人杀死的。因为冰雹是由积雨云而降下的冰块，也有像鸡蛋般大小者。

②骑骆驼或摩托车横越沙漠时，遇龙卷风袭击，被卷至高空，落至十几公里远的地面。这样在陈尸现场就不会留下被害人的足迹。

金发告知的秘密

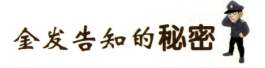

难度指数：★★★★☆

一天早上，在一栋高级公寓里面，著名时装模特儿苏珊被发现陈尸在住处。她的颈部被勒住，倒在床边。

尸体是团侦探偶然间发现的。他在调查其他事件之时，看到被害人的房间大门没有关严，觉得奇怪，所以入内查看。他推断，死者死亡时间为前天晚上9点至11点。"咦？这只右手……"团侦探注意到被害人死的时候还紧握着右手。打开她的手一看，指头上绕着几根头发——是卷曲的金发。

此时，有一位打扫女工入内打扫。"是嫌疑人的头发。被害人被勒死之前，拼命抵抗，这是从犯人头上拔下来的。苏珊的仇人当中，有没有金色卷发者呢？"团侦探询问打扫女工。

"会不会是室内设计师的助手马奇？他住在同公寓的九楼，曾向苏珊小姐求婚且被拒，一定是因此恼羞成怒，杀了苏珊小姐。"打扫女工答道。

团侦探向警察局通报了这个案件。然后，他立刻去了九楼马奇的住处。应声出来开门的的确是一位长着金色卷发的英俊青年。只是他的头发稍微剪短了些。团侦探把整件事的原委告诉他，接着询问他前天晚上9点至11点的不在场证据。

"我一直待在自己的房间里看录像带。由于我一个人居住，所以没有证人。但请您相信我，我所说的句句都是实言。"马奇如此回答。

"你的头发是什么时候剪短的？""前天上午。这和此事件有关吗？""因为被害人手上握着几根犯人的金发。为求慎重，可不可以请你取下一根头发作比对？""没问题，多拔几根也没关系。"马奇忍住疼痛，拔了两三根头发。

团侦探从口袋里拿出倍数极大的放大镜，把马奇的头发与缠绕在被害人手中的金发比较一番。细心观察之后，他说："嗯，完全一样的金发。但请放心，你并不是犯人。"团侦探立即下了断言。

马奇不禁愕然："可是，为什么苏珊手上会握着我的头发？真不可思议！"团侦探又问道："你和苏珊相处得怎么样？"

"苏珊和我很要好，我们常在一起。"

"有没有讨厌或恨她的人最近来过你这里？"

"应该没有吧！"正说着，马奇突然想到一个问题，"对了，打扫女工！她每个星期的星期二、星期五来帮我打扫、洗衣服。前天早上，她也过来打扫了。"

"就是在苏珊家帮忙的人？"

"我想起来了，她在打扫之后——也许是我神经过敏吧——似乎总是会顺手牵羊，带些咖啡豆或威士忌回家。"

"原来如此，谜底揭开了。打扫女工就是犯人。也许苏珊发现了她的偷窃习惯，她一怒之下便杀死苏珊，然后嫁祸给你。"

团侦探立即揭开了此案的谜底。

证据何在？

破案密钥 发尖的形状

怪盗的纰漏

一个夏季的夜晚，怪盗AL潜入某政府要员家的院子里伺机作案。

要员书房的灯一直亮着，蚊子一个劲儿地叮咬怪盗，他用手不停地轰赶着，不时还捏死几只讨厌的蚊子。

凌晨一点过后，要员书房的灯熄了。

怪盗便偷偷潜入屋里，用照相机偷拍了要员整理好的机密文件，然后把文件放回抽屉，悄悄地离开了。

回家后，怪盗急忙将机密文件藏好。

可是，两天之后，警察来到怪盗AL的住所。

"潜入政府要员家偷拍机密文件的就是你吧？"警察开门见山地问。

"没有的事儿，你们有什么证据吗？"怪盗问。

"你的血型一定是B型RH阴性吧？"

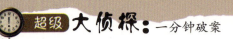

"对，没错，那又怎样？"

"B型RH阴性是一种非常罕见的特殊血型。而这种特殊血型留在了政府要员家的院子里。"

怪盗听了很吃惊，那天晚上他到底出了什么纰漏？

破案密钥 蚊子血

 你肯定不知道

当死者遭遇某种无法预料的自然现象而死时，死因就会让人费解。下面给出三种自然现象导致的死亡：

①在海水浴场享受日光浴，突遇强风吹来，沙滩上的凉伞被吹起，日光浴者被伞柄刺中腹部死亡。

②被雷击中而死亡的事件实际上也经常发生。因此，登山老手不会将手表戴在靠近心脏的左手上，而是戴在右手上。

③在雪地上不小心发射猎枪，引起空气震动，导致雪崩，猎人就会遇难而死。

李良审鹅

难度指数：★★★★☆

汉朝的时候，沛县有一个农民，家里养了几百只鹅，大家都叫他"鹅大王"。他手脚很勤快，所以他喂养的那些鹅只只身肥体壮，人见人爱。

这一天，鹅大王早早就起来，挑着两大笼子鹅到城里去卖。不大会儿，大半的鹅就卖完了。鹅大王觉得肚子饿了，就挑着剩下的几只鹅来到一家饭店。他把鹅放在饭店的院子里，然后吃早饭。吃完了饭，他提着鹅笼要走，饭店老板却拦住他，说鹅是他店里养的。

鹅大王和饭店老板争吵起来，有个老人说："大伙儿也别争了，还是到县衙门去，请县老爷判个是非吧。"于是，鹅大王挑着鹅笼和饭店老板一起来到了县衙，人们也跟过去想看个明白。县官是个昏庸的官，听了两个人的诉说，也不知道谁在撒谎，急得满头大汗。这时候，人群中有个叫李良的书生，悄悄对县官说："我只要审一审那几只鹅，一定能查出真相。"县官以为他在胡闹，可是转念一想："就让他审吧，我也可以趁机脱身啦！"

李良先问农民平日里都给鹅喂些什么东西，农民回答："都是些青草。"李良又问饭店老板都给鹅喂些什么，饭店老板说："都是用米糠喂养的。"问过之后，李良在地上铺了一块白布，把鹅都赶到白布上面，然后大声问鹅："快快告诉我，谁是你们的主人？"鹅哪里听得懂他的话？都伸长了脖颈"嘎嘎"地拼命叫，李良侧过耳朵，好像在很认真地听。就这样，过了半个时辰，鹅真的"告诉"了大家，谁是它们的主人。

鹅当然不会说话，可是李良是怎样让鹅"说"出真相的呢？

破案密钥 食物品种与粪便的颜色的关系

夺命河

难度指数：★★★★☆

杰克是个很有名气的侦探，他在一次穿越沼泽的旅途中路过了一条河，当地人都称这条河为"夺命河"。

杰克好奇地问一个叫伊恩的当地人，这条河为什么叫这个名字。

伊恩向杰克解释说："大卫是这一带有名的医生，一天下午，他正为人治病，他的朋友麦克闯进了诊室。

"麦克说他去银行办事，却遇到一个持枪抢劫的强盗。由于劫匪开枪引起了混乱，他被警员误认为是劫匪的同伙而不得不逃跑，当时情况十分紧急，不容他辩解。况且，已经有警员向他鸣枪示警了。

"大卫相信麦克不会是抢银行的劫匪，所以他打算穿戴上麦克的衣帽，把警员引开，好让麦克逃开，日后再找机会和警方表明自己的清白。

"于是，他从床下拿出一条长1.8288米的空心胶管，让麦克立刻潜入河中，使用胶管呼吸，胶管的直径为0.0254米。

"警方被引开了，麦克摆脱了追捕。

"然而结局却非大家预想的那样，麦克死了，死因是溺水。"

杰克听到这里，打断了伊恩的话，说："麦克是死于谋杀。"

杰克这么说有什么依据呢？

破案密钥 呼出和吸入的气体的不同

欢快的热带鱼

难度指数：★★★★☆

一个大雪纷飞的夜晚，伦敦某公寓发生了一起谋杀案。百万富翁詹姆斯被人谋杀了，从现场看显然是谋财害命，因为詹姆斯存放在家中的现金和宝石都被洗劫一空。据法医鉴定，詹姆斯的死亡时间为晚上11点左右。

第二天，警察查到了一个嫌疑犯，那是一个独身女人，据调查此人平时生活不大检点。警察来到她家，询问她昨夜11点左右不在现场的证据，这个女人回答道："昨晚10点钟左右，我独自一人在家中看电视，那个旧电视突然间出了毛病，造成短路停了电，房间里顿时一片黑暗。因为我缺乏电的知识，无法自己修理，于是我就给电厂打了个电话，请他们今天早晨8点钟来帮我修理，那个电工答应了，然后我就吃了片安眠药提早睡觉了。今天早晨8点，我担心那个电工忘记了，于是又给他打了电话，他说马上就到，10分钟后电工来了，他告诉我说是门口安装电表那儿的保险盒里的保险丝烧断了，他帮我换了保险丝，然后把电闸推上去就有电了。"

警察当即给那个电工打了电话，电工证实她昨晚和今天早上确实给自己打了电话，他也确实在今天早上来帮她更换了保险盒里的保险丝。她说的是真的吗？警察一边思索，一边扫视整个房间。很快，警察的目光落在了水槽里的几条欢快游动的热带鱼上，便马上识破了她的谎言。

警察发现了什么呢？

破案密钥 停电引发的后果

品尝红薯的滋味

难度指数：★★★★☆

宋朝时，靠山村只有两户农民，一户姓李，一户姓王。他们和睦相处，分耕一块地，过着太平日子。忽然有一天，两家因为地界发生了争执。原来，这一年他们的地里都栽种的红薯，以致分不清地界了。

李家和王家的矛盾越闹越大，最后一同来到了官府找清正廉明、断案如神的包公评理。

经过询问，包公发现，李家和王家都拿不出关于地界的可靠证据。怎样才能把这个民事案子处理得公平呢？包公考虑了片刻问道："过去你们为何能够分清地界呢？"

两家几乎同时答道："我们过去从没种过一样的东西。""没种过一样的东西？"听了这话，包公眼睛一亮，问姓李的："去年你地里种的是什么？"

"我去年种的是烟。"包公又转向姓王的问道："去年你地里栽的是何物？""我栽的是玉米。""噢，这就好办了。"包公立即让他们带路，说要亲自去地里判明地界。

姓李的和姓王的莫名其妙地带着包公来到了地头。包公让人从李、王两家有争议的5条垄里各挖出一个红薯放在垄头，然后说："你们依照顺序把这5个红薯分别洗净尝一尝，自然就清楚了，我希望你们今后互相谅解，以邻里和睦为重！"

包公说完，打马回府了。姓李的和姓王的按照包公的话一做，果然分出了地界，从此两家又和好如初了。

这到底是怎么回事呢？

破案密钥　前后两年庄稼搭配有讲究

向日葵的秘密

难度指数：★★★★☆

有一个富翁，妻子早亡，撇下一个女儿，叫曼丽。富翁又娶了一个妻子，但妻子还带来一个儿子，叫皮特。曼丽很得父亲喜爱，她最大的爱好就是在家中种植向日葵。而皮特好吃懒做，可是他很喜欢看书。

有一天，皮特从书中看到植物夜间会释放出二氧化碳，于是想出一条毒计，企图谋杀曼丽。

这天，皮特将一切准备妥当，他趁继父晚上不在家、曼丽不在场的时候，偷偷在曼丽喝的汤里放上了许多安眠药。饭后不久，曼丽感到很困就到卧室里睡觉去了。皮特又偷偷把100多盆向日葵搬进了曼丽的卧室，再把门关上。

第二天上午，富翁见爱女很晚了还没起床，就去敲门。女儿没有应声，他推门进去一看，女儿还在睡觉，他有一种不祥的预感，急忙去探了探女儿的鼻孔，发现女儿竟然没有呼吸了。

警察接到报案很快赶到现场，不久，皮特就被传讯。

"房间的那些花是你搬进去的吗？"警察问皮特。

"是啊！"皮特回答。

"凶手就是你！"警察肯定地说。

"怎么会是我，是花啊！"皮特惊讶极了！

"呵呵，想用花来给你顶罪，真是笨蛋！"警察笑着说。

皮特想借用向日葵来造成曼丽被植物杀死的假象，结果还是露出了马脚。你知道警察判断的依据是什么吗？

破案密钥　植物释放二氧化碳的量

251

狩猎营地发生的惨案

福德尼在艾迪郎代克山区狩猎时，获悉营地发生了一桩惨案。

他想自己或许对破案有所帮助，便赶了过去。

他倾听了受害者的伙伴威利对事故经过所作的叙述。

"昨晚9点钟光景，穆尔仍未返回营地，这时我有点儿担心，因为他对这一带山区不太熟悉。当时没有月色，没有星光，四下里一片漆黑。我考虑再三，最后决定出去寻找他。你知道吗？那时，我们周围5英里范围内是见不到人的。

"我往篝火上添了些柴火，便出发了。搜寻了一个小时之后，我来到深谷旁的一处斜坡，猛然间，我发现有一对眼睛朝着我闪光。

"我连喊两声，不见有任何回答，心想那一定是头山狮，便抬枪射击。可当我走到跟前，划着了火柴，我才发现我击中的是早已死去的穆尔。那情景真是可怕极了！

"我把他搬回营地，然后找到离我们最近的住家，并报了案。"

福德尼听后，沉吟片刻，问道："你为什么要蓄意谋杀穆尔？"

威利被这意外的一问问得瞠目结舌，半天答不上话来。

福德尼是怎么知道威利就是杀人凶手的呢？

破案密钥 黑暗中人眼能否闪光

第五章

靠观察寻找
蛛丝马迹

One
minute
detection!

刑警的**判断**

难度指数：★★★☆☆

老约翰的家离卡特的家不远，中间只隔着一个网球场。在一个积雪厚达30厘米的冬夜里，月色正好，老约翰踩着积雪，发出"咯吱咯吱"的声音，他要穿过网球场到卡特家去玩。这原本应该是一个非常愉快、美好的夜晚！

没想到，老约翰在和卡特聊天时，因为与卡特言语不和，突然心脏病发作，死了卡特家。

卡特非常害怕，一阵慌乱之后，他马上穿上老约翰的长靴，背上老约翰，从小路上走，穿过网球场，他想把老约翰的尸体搬回老约翰的家。这是卡特一生中最艰难的一段路！他比较瘦弱，而老约翰比较沉，这让他感到特别吃力。不仅如此，他还感到前所未有的害怕。他害怕老约翰忽然对自己打招呼说："晚上好，亲爱的卡特！你又因为什么事变得愁眉苦脸了？说来听听，让我来给你排忧解难……"他更害怕自己这种行为被熟悉的老邻居或者老邻居家的狗看见。

唯一能安慰自己的就是："我这么做，雪地上只有老约翰的足迹，看上去就像老约翰从卡特家出来，回到自己的家中后才死的。"结束了伪装工作，胆战心惊的卡特从大路上绕回家。看见大路上的雪已被来往的车子压得很硬了，所以并没有留下足迹，卡特紧张的情绪才有所缓解。

然而，糟糕的是——老约翰的尸体在第二天一早就被人发现了！于是，刑警便赶紧到老约翰的老朋友卡特家来调查。他问："卡特先生，老约翰从你家离去时，是不是拿了一些很重的东西呢？"

"没有啊！他空着手回去的。"卡特假装平静地回答说。"我看，他并不是死在自己家里，而是死在你家里。是你把他扛回去的吧？"刑警说道。

刑警想到了什么？

破案密钥 雪地上的足迹

强盗入侵

难度指数：★★★☆☆

在一个大雪纷飞的寒冷日子里，正午时分，侦探帕隆前往女朋友安娜的公寓。

一进屋里，他非常惊讶地发现，安娜的手脚被绑在了床上。"你到底怎么了？"帕隆一面焦急地解开绳子，一面问道。

他看见安娜并不惊慌的样子，还以为她是在和自己玩什么最近流行的、新奇的游戏呢！

"昨晚10点左右，有一个蒙面歹徒闯入了我家。他绑住我后，就把你的存折和印章全都抢走了！"忽然，安娜如山洪暴发一样，声泪俱下地说道。她伏在床上号哭起来。

这时，帕隆觉得她的动作很夸张，声音非常刺耳。一种积压了很久的不快蓦然涌上心头，他想："我一向不是很信任安娜，因为她特别看重我的收入，如果哪一次没有收到我的礼物，她就会摆脸色给我看。而我怎么会这么愚蠢，竟然把存折和印章都交给她这样一个女人来保管！"

一种强烈的直觉涌上心头，他想："莫非是安娜精心制造了一个骗局？"

不过转念一想，他稍微释然了一些："安娜也真是不幸，她的男朋友竟然是著名的大侦探！"

于是，帕隆没有顾得上安慰自己的女朋友，他环顾室内，突然注意到墙角那个小水壶在向外喷着热气。

忽然，他厉声说道："你说谎，你一定是在我进来之前，绑住自己的手

脚，借口有强盗进入。你最好快点把我的存折和印章拿出来！"

帕隆是怎么看破这个女人的谎言的？

破案密钥 小水壶、热气

侦探小·说掠影

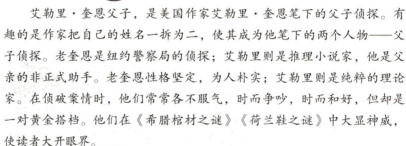

艾勒里·奎恩父子，是美国作家艾勒里·奎恩笔下的父子侦探。有趣的是作家把自己的姓名一拆为二，使其成为他笔下的两个人物——父子侦探。老奎恩是纽约警察局的侦探；艾勒里则是推理小说家，他是父亲的非正式助手。老奎恩性格坚定，为人朴实；艾勒里则是纯粹的理论家。在侦破案情时，他们常常各不服气，时而争吵，时而和好，但却是一对黄金搭档。他们在《希腊棺材之谜》《荷兰鞋之谜》中大显神威，使读者大开眼界。

金库密码到底在何处

临近盛夏，天气异常闷热，天空好像一把巨大的火伞，人们都喜欢窝在家里开空调乘凉。但亿万富豪 B 夫人似乎忽略了天气的炎热，她感到十分不安。她想："不知是不是因为我年纪大了，最近经常忘东忘西的。"

最糟糕的是，她竟然将自己存放着贵重宝石的秘密金库的转盘密码也忘了，为此她深受困扰。

终于，她好不容易想起了密码。为防止再次忘记密码，她冥思苦想，终于想到了一个自认为十分高明的好办法，并且马上付诸实践。然后她试了一遍，感觉相当不错！这时，她得意扬扬地想："即使我忘了这个金库的密码，我也能够轻易地找回这个金库的密码！"于是，她放下家中的一切事务和烦恼，高高兴兴地去海边别墅度假了。

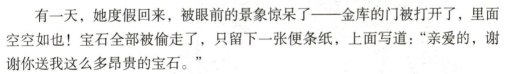

有一天，她度假回来，被眼前的景象惊呆了——金库的门被打开了，里面空空如也！宝石全部被偷走了，只留下一张便条纸，上面写道："亲爱的，谢谢你送我这么多昂贵的宝石。"

B 夫人看到这里，伤心欲绝，瘫倒在地，发出呜呜的像野兽一样的哭声和咒骂声。这时，她的宠物鹦鹉也来凑热闹，它一声声地叫着："宝石丢了，宝石丢了。"那么，B 夫人到底把金库密码放在何处了呢？

仔细看图，你就会知道盗贼是如何找到密码的了！

破案密钥 鹦鹉

从树上摔落的男人

难度指数：★★★☆☆

在一个旭日初升的清晨，重案组的刑警接到报案："在一户人家的围墙外，有一个男人倒在地上死了。"

刑警火速赶到现场，发现死者双脚脚底有些异常——从脚尖到脚跟有几条纵向的伤口，这些伤口还渗着血。除了这个情况外，现场看不出任何异常。

"这个男人一定是爬上了这棵树，想潜入这户人家去偷窃。但是因为脚滑，不小心从树上掉下来摔死的。" A刑警如此说道。

这似乎是一个非常合乎情理的推断，此案也似乎可以轻而易举地完结了。

现场的刑警们一阵沉默，然后各自散开，分头行动，都希望能搜索出较为有力的线索。警犬也依然在搜寻一切可疑的情况，但从目前来看，似乎它们也没能找到更有利于破案的信息！

最后，大家筋疲力尽地聚在一起开了个短会。

"虽然就目前的情况来看，我们不能寻找到能证明死者死于他杀的证据，但我依然不同意A刑警的判断。这个人不是从树上摔下来致死的，只是凶手运用了一点技巧，使他看起来像是从树上跌下来摔死的而已。"一位资深警官似乎识破了这种伪装杀人的手段。

现场所有的人一片哗然。于是这位警官说出了他的依据，众人听了，不禁连连点头，都心服口服。

警官是怎样辨别出来的？证据何在？图中有线索。

破案密钥　脚心的伤痕

 你肯定不知道

说话总是好加上"我认为""我感到""我想"等字眼的人，一般都自以为是，刚愎自用。

说话总爱加上"可以吗""行不行"等字眼的人，一般都自信心不强，拿不了大主意。

说话总是模棱两可、含含糊糊的人，一般都老奸巨猾，精于世故。

说话总好夸大其词、虚张声势的人，一般都好吹嘘，好夸张。

我刚**打猎归来**

在大森林的一座山脚下，有一个小镇，镇上的人们大多靠打猎或接待游客、做点小生意为生。这一天，小镇上的警长和另一名警务人员在街上巡逻时，突然听见了令人心悸的枪声，两人急忙朝着枪声传来的方向跑去。当他们穿过两条街道后，发现路德家的门口，有一个人躺在血泊中。警长走上前一看，死者正是单身汉路德，他是头部中枪身亡的。

警长告诉属下："你现在打电话叫人，同时保护好现场，我去路德的邻居家看一下。"属下听完点了点头，立即按照警长所说的去做了。警长一连敲了五家邻居的门，但似乎家中都没有人。警长知道，现在是当地的旅游旺季，很多人白天都在山上做生意。

警长很不甘心地来到了文德斯家的大门口，看见文德斯正坐在院子里抽烟。警长隔着大门问文德斯："文德斯先生，你好！我想请问你一个问题。刚才，你听见枪声了吗？"

"没听到。"文德斯犹豫了一下，又说，"因为我刚和我的爱犬打猎回来还不到两分钟呢！"警长接着问："那你为什么没进屋休息呢？"文德斯笑了笑，说："嘿嘿，我这不是刚回来吗，想在院子里抽完烟再进去。"

警长走进院子里看着趴在一边闭目养神的猎犬说道："文德斯先生，和你一起去打猎的是这条狗吗？""正是。"文德斯回答道。忽然，警长猛地拿出手铐对文德斯说："那你还是和我去警局说说你打猎的经过吧！"

你知道警长为什么要抓文德斯回警局吗？

破案密钥　闭目养神的猎犬

从字母"S"找凶手

在一座公寓的210号房间里，一位叫茉莉的单身女性在深夜里被人杀死了。

从案发现场的情况来看，她好像是在解一个周刊杂志上的谜语题时被杀的，因为桌子上一本摊开的杂志上血迹斑斑，而她早已僵硬的右手还拿着一支红笔。她用这支红笔在桌子上写了一个像"S"的字母。她既然是在死前写下这个字母的，必然是想留下与犯案凶手有关的线索。搜查的结果是：和这位死亡的单身女性同样住在二楼的4位女性有重大作案嫌疑，她们分别住在207、208、209、211号房间。

据警方了解，这些女性都认识茉莉，其中一位女性还是茉莉的大学同学，据说她们的关系一直都非常好，而且她在案发现场哭得悲痛欲绝，似乎没有作案动机。另外三位女性中，有一位女性和茉莉虽然彼此认识，但从没有过什么交往，同样，她也没有杀人动机。剩下的两位女性一位住在208号房间，一位住在209号房间，至于她们俩谁是凶手，作案动机是什么，则有待调查。

"我总算明白了。凶手就是住在208号房间的女人。"刑警如此断定。

破案密钥 字母和房间号的形状

261

安格莉卡的话里露出的**破绽**

稽查长阿尔夫·勃兰特和副警长米夏埃尔·克吕格尔开车来到一座公寓前，他们要找一个名叫安格莉卡·迈希特的人。

开门的正是安格莉卡，她将两人让进屋，说："二位先生有何贵干？""太太，您认识一个叫哈里希的人吗？""哈里希？我从未听说过他。""我们刚从拘留所来，他说他认识您。"

安格莉卡很镇定地吸了口烟，说道："我真恨不能将你们从窗户扔出去！"

阿尔夫用手指着她说："哈里希从银行抢走了19万马克。警察反应很快，24小时之后，就将他抓获了。我们和他长谈后，他已说出他将钱给了谁了。""我不认识哈里希，对银行抢劫案也不感兴趣！"

"荒唐！那为什么哈里希说，他将钱给了你呢？"米夏埃尔插嘴说。

"我要控告你们！"安格莉卡跳了起来，声嘶力竭地喊。

"哈里希究竟是什么时候把钱给了你？你又将钱藏在什么地方了？"

安格莉卡气得大叫道："要我说多少遍？我根本就不认识什么路德维希·哈里希！"

"你真不认识他？"

"对，我不认识他！"安格莉卡气得拍了一下大腿说。

这时，阿尔夫生气地说："很遗憾，太太，您刚才犯了个错误……"

当阿尔夫说出安格莉卡的错误后，她高喊一声"天哪"就晕倒在地上了。

安格莉卡的哪一句话露出了破绽？

破案密钥 不认识、路德维希·哈里希

上当的杀手

难度指数：★★★★☆

一天深夜，一名杀手举着枪闯进了大律师杰克的办公室，他恶狠狠地说："对不起，大律师，你的末日到了！"

杰克却端着酒杯，镇定自若地问道："别紧张嘛！谁派你来的？佣金不多吧？我出3倍的价钱，你放过我怎么样？"杀手一听，好像有点儿动心。

杰克倒了一杯酒，端到杀手面前，带有几分讥讽地继续说道："怎么样，不喝一杯吗？是不是喝下去你的手就拿不稳枪啦？"

杀手不敢掉以轻心，右手举着枪对准杰克，伸出左手接过酒杯，一仰脖子喝了下去，接着急切地问道："你真的给我3倍的价钱吗？"

"那个保险柜里有的是。"杰克指着桌子后面的保险柜说道。为了使杀手放心，杰克一只手端着酒杯，另一只手打开保险柜，拿出一个鼓鼓囊囊的信封放在桌子上。

就在杀手把手伸向信封的瞬间，杰克飞快地把杀手用过的酒杯和保险柜的钥匙都放进了保险柜，关上柜门并拨乱了密码锁。

"啊，你干什么？"杀手见状，立刻把枪口对准了杰克。

杰克微微一笑："你开枪吧，即使你杀死我以后逃走，你也一定会被捕的，因为你留下了决定性的证据。"

你知道杀手是怎么上当的吗？

破案密钥 杀手用过的酒杯

电话机在哪里

难度指数：★★★★☆

司科特警长接到一个电话。打电话的人说："警察局吗？我是生物研究所的基米，我同事戈里刚才在家里给我打电话，说他女朋友离开了他，他不想活了，说了一句'永别了'，就挂断了电话。"

司科特警长问道："那你怎么不去劝他啊？"

基米说："我没去过他家，不知道地址，只好向警察求助！"

司科特警长让基米马上赶到警察局，同时打开电脑，查到了戈里的住址，然后和基米一起赶到了戈里的家。

他们敲了几下门，里面没有反应。司科特警长用力砸开门，冲进去一看，戈里吊在客厅的梁上，已经断了气。基米号啕大哭起来："我的好朋友哇，你为什么要想不开呀！都怪我来晚了一步哇！"

司科特警长开始检查现场。过了一会儿，他想打电话给法医，让法医来检

查尸体，可四下里看不到电话机。他拿出一张纸，在上面写了法医的电话号码，交给基米："基米先生，麻烦您帮我打个电话，让法医马上赶来，要快！"

基米接过纸条，立刻奔到二楼，走进卧室去打电话。

他打完电话下了楼，看到司科特警长拿着手铐笑着说："基米先生，你这是自投罗网啊！"

司科特警长根据什么细节判定基米就是凶手呢？

破案密钥　走进卧室去打电话

 你肯定不知道

　　测谎仪所测的其实不是谎言，而是情绪。因为一个人在说谎时，努力圆谎、担心露馅等情绪波动会导致神经系统活动的变化，进而引起体征的变化，包括呼吸和吞咽口水的频率加快、排汗量增加、心跳加快等，这些体征都是一个人不由自主的行为，自身难以控制。

消失的凶器

难度指数：★★★★☆

有一天，一家公司的老板在大楼的客厅中午睡。

这时，杀手悄悄潜入，将他殴打致死。

警察判断，这位老板大概是被长30厘米的棒子一类的物品击打了头部。

就在凶手匆忙走出这个房间时，他被正好前来的老板的警卫逮捕了。

警卫立即通知了警察。

让人感到不可思议的是，警察在检查凶手的身体时，发现他身上根本没有带凶器。

这种情形十分罕见！

警卫感到十分迷惑，警察瞠目结舌，凶手的表情神秘莫测，就连警犬也变得安静起来。

当然，房间里面也找遍了，但警察还是没有找到那种像棒子一样的凶器。

在房间的窗户外，警察也没找到任何一个看似是凶器的东西。

只是客厅中那个巨型鱼缸里没有一条鱼儿，显得很怪异。

这个凶手到底使用了什么凶器？

凶器到底藏在何处？

忽然，警察发现凶手的鞋子和袜子都湿漉漉的，而且袜子边上还沾有沙子。他再回头看了一眼巨型鱼缸，忽然仿佛

明白了什么。

这无疑是一条重要的线索!

于是,聪明的警察立即知道了凶手到底是怎么杀人的。

像棒子一样的凶器到底是什么?

破案密钥 沙子、袜子

 侦探小·说掠影

　　"形状记忆合金"即拥有"记忆"功能的合金,它可以记忆特定温度下制成的形状。不管如何变形,当它达到特定温度时,便会恢复原来的形状。这种神奇的合金被使用在火灾警报器、电源自动开关装置、镜框、玩具、医疗器材等日常生活的各种领域当中。利用形状记忆合金制锁、建造密室的技巧,在东野圭吾的《毕业》、山村美纱的《京都——巴厘岛杀人之旅》中均出现了。

谁是无辜的

一天，出差返回的马恩先生怀着愉快的心情踏上了从马赛开往巴黎的火车，他是个富有的男人，这从他的穿着可以看出来：配有绒毛领子的海蓝色大衣、真丝领带、锃亮的皮鞋。他一手提着黑色的小皮箱，一手拿着一顶礼帽，匆忙地走着。

不远处，有一双贪婪的眼睛盯上了他。

当列车驶出马赛时，夜已经很深了。马恩先生看了一会儿侦探小说，正准备上床睡觉，突然，一个女人闪进他的包厢。

她长得很标致，高高的身材，像是个模特。一进门，她就把门反扣上，胁迫马恩先生乖乖交出钱包，否则，她就要扯开自己的衣服，叫嚷是马恩先生把她强行拉进包厢，图谋不轨。

看到马恩先生没有做出反应，这个女人嬉皮笑脸地说："先生，即使是你床头的警铃也帮不了你的忙，因为，我只需要把我的衣服轻轻一扯……"

马恩先生陷入困境，他只好讷讷地说："让我想想，让我想想。"说着，他点燃了一支雪茄。

就这样，双方僵持了三四分钟。出乎这个女人的意料，马恩先生还是轻轻地按了一下床头的警铃。

这时，这个女人不由得气急败坏，她果然说到做到，立即脱了外衣，扯破了胸前的衣衫。待乘警闻声赶到，躺在马恩床上的这个女人又哭又闹，直着嗓子嚷道："三四分钟前，这个道貌岸然的先生把我强行拉进了包厢。"这时，马恩先生依旧平静地、不动声色地站在那里，悠闲自在地抽着雪茄，雪茄上留着一段长长的烟灰。

乘警目睹了这一切，没有立即作出判断。

他仔细地进行观察，不一会儿就明白了：这个女人想讹诈马恩先生。于是，乘警毫不犹豫地把这个女人带走了。

警察根据什么作出判断，认定马恩先生是无辜的？

破案密钥 一段长长的烟灰

 你肯定不知道

条件反射地喜欢关门、拉窗帘，尤其在说一些私密的话的时候会喜欢这样做的人，通常以前曾经有偷窥别人的经历。

喜欢吹牛，对各种事情都极力夸大的人，通常给人的感觉是很狂妄，但是这些人心里是最自卑的，他们希望通过这种方式来掩盖自卑。

喜欢照相照镜子的人，有爱美的天性，更注重仪表，更感性，通常外表都很不错。

一个沾满鲜血的手印

一天夜里，在一所公寓里发生了一起杀人案，一个孤身生活的中年妇女在3楼的房间里被人用刀刺死了。

卧室的墙壁上清晰地印着一个沾满鲜血的手印，大概是凶手逃跑时不留神将沾满鲜血的右手按到了墙壁上吧。5个手指头正面的指纹都很清晰，这就是有力的证据。

当刑警用放大镜观察手印时，一个站在门口、嘴里叼着大烟斗、弯腰驼背的老头儿在那里嘿嘿地笑着。

"刑警先生，那手指印是假的，是罪犯为了蒙骗警察，故意弄个假手印，蘸上被害人的鲜血，像盖图章一样按到墙上后逃走的。请不要上当！"

老人好像知道实情似的说道。

刑警们吃惊地问道：

"你怎么知道手印是假的呢？"

"你如果认为我在说谎，你自己把右手的手掌往墙上按个手印试试看。"

老人气定神闲地说。

原来，这个老人是一个著名的侦探。

老侦探是根据什么看破了墙上是假手印的？

破案密钥　往墙上按个手印试试

隐形的凶器

难度指数：★★★★☆

那时大约是晚上七点半，差不多是吃晚饭的时候了。

住在某大厦的热心市民张先生听见邻居夫妇争吵得很厉害！

突然，张先生听到一声惨叫！

出于好奇，他走出屋查看，却发觉争吵声停止了！

他怕邻居夫妇发生意外，便立即颤抖着双手拨打了电话，报了警。

警察很快来到该夫妇家里，他们发现，丈夫倒在地上，头部流着血，附近有一摊水……

而妻子则坐在厨房地上，背对着警察，惶恐不安。

炉上正在烤羊腿，香味四溢。

这本该是一对夫妻快乐地享用美餐的美好夜晚，却发生了命案！

很显然，由于两人发生争执，妻子失手将丈夫打死了！

这一点，从她苍白的脸色可以看出来。她不但脸色苍白，而且已经说不出话来，浑身颤抖！

看起来，她的精神已经濒临崩溃的边缘！

但警察在现场却没有发现凶器。

杀人的凶器真的隐形了吗？这位妻子到底是用什么杀死了丈夫？

破案密钥 烤羊腿

271

钻石藏在哪儿

夏季的一天，女盗梅姑乔装改扮，混进珠宝拍卖会场，盗得两颗大钻石。一回到家，她马上将钻石放在水里，然后将水放在冰箱里冻成冰块。钻石是透明无色的，所以藏到冰块里，万一警察来搜查也不易被发现。

第二天，矶川侦探来了。

"还是把你偷来的钻石交出来吧！珠宝拍卖现场的闭路电视已将化装后的你偷盗时的情景拍了下来。我知道，那一定是你。"矶川侦探说。

"如果你怀疑是我干的，就在我家搜好了，直到你满意为止。"梅姑若无其事地说。

"今天真热呀，来杯冰镇可乐怎么样？"

梅姑说着从冰箱里拿出冰块，她先在每个杯子里放了4块，再倒上可乐，然后递给矶川侦探一杯。

梅姑暗自盘算着："将藏有钻石的冰块放到我的杯子里，即使冰块化了，钻石露出来，在喝了半杯的可乐下面也是看不出来的……"

"那么，我就不客气了。"

矶川侦探接过杯子喝了一口，下意识地看了一眼梅姑的杯子，发现她杯子里的冰块沉到了杯底。

"对不起，能和你换一下杯子吗？"

"怎么！难道怀疑我往你杯子里投毒了吗？"

"不，不是毒。我想尝尝放了钻石的可乐是什么味道。"

矶川侦探一下子从梅姑手里夺过杯子。

矶川侦探是怎么看到可乐杯子里藏有钻石的？

破案密钥　冰块沉到了杯底

最后一个指纹

难度指数：★★★☆☆

一天夜里10点左右，艾瑞克正要入睡，忽然听见门铃响了起来。他打开门一看，却看到最不愿看到的人——自己一再躲避的债权人蒂夫。

蒂夫一把推开艾瑞克说："看来你过得不错，这是用我的钱买的新房吧！三个月前你就该还钱了！"接着，他大声威胁艾瑞克说："别再躲躲藏藏了，快把钱还给我，不然我只有控告你了！"

"我真的没钱……"艾瑞克耸了耸肩。

"你这混蛋！"蒂夫怒火中烧，扑过去狠狠地掐住他的脖子。艾瑞克拼命地挣扎，这时，他左手摸到一个东西，来不及多想，便拿起来重重地砸在蒂夫的头上，蒂夫的手慢慢地松开了，倒在了地板上。

杀死蒂夫以后，艾瑞克马上把他的尸体埋在后院里，然后擦干血迹，用毛巾擦掉留在桌子和椅子上的指纹……直到觉得房间里再也不会留下蒂夫的痕迹了，他才长长地吐了一口气。

第二天一大早，门口便传来了急促的敲门声。艾瑞克打开大门，看见警察站在外面。警察对他说："我是蒂夫的朋友，他昨晚说来找你，现在还未返回，他在里面吗？"

艾瑞克镇定自若地说："他根本就没有来过。"

警察笑了笑说："不要说谎了，我朋友到这儿来过的证据——他的指纹，现在还完好地保留着……"

艾瑞克声嘶力竭地叫道："在哪？拿出证据来！"艾瑞克顺着警察指的地方一看，顿时吓得面如土色。

你知道最后一个指纹留在什么地方吗？

破案密钥 门铃、急促的敲门声

 你肯定不知道

　　足迹检验，是应用足迹分析检验的有关理论和技术方法，确定足迹与罪犯的关系，以提供侦查线索和审判证据的一门应用科学。其理论基础和操作方法，是痕迹检验技术人员必须具备的专业知识和技能。

究竟是自杀还是他杀

难度指数：★★★☆☆

警察接到一宗报案，马上赶到了现场。死者的妻子说："我把来访的两个客人带进会客室时，他已经死了。"

警察得知，死者是一位很知名的画家，死因是被手枪子弹击中了头部。当时，他的左手握着一支手枪，从外表看来，好像死于自杀。

前来调查的警察马上就投入了工作，他们询问了所有有关人员。

来访的两个客人中，一个叫付潇，他是死者妻子的旧恋人，在三年前去了巴黎，两天前才返回此城。另外一个叫葛丰，他也是一个画家，和死者以前并不认识。他这些天来一再到死者家中，因为他说死者盗用了他的作品，故前来追究。

可以说，这两个人和死者都有仇，都有杀人的动机。不过，死者也不是没有自杀的动机——死者的妻子对警方说，两个月前，死者生病后，左手麻痹，不能再拿画笔，这让他变得非常沮丧和抑郁。

最后，一位很有经验的警察确定画家不是自杀，而是他杀。并且，付潇和葛丰之中，有一人肯定是凶手。

警察是根据哪些细节判定这位画家是他杀的呢？

破案密钥 左手麻痹

275

保姆在撒谎

警察接到一位太太的电话，说自己放在桌子上的10000元钱不翼而飞了。警察立刻赶到了现场。警察到时，墙上挂钟的时针指在下午5点。前来处理此事的警察问那位太太，最后一次见到钱是什么时候，那位太太说是4点钟。她说她把钱放 在桌子上就去洗澡了，4点30分左右回来就不见钱的影子了。

警察又问："当时有别的人在家吗？"

"有，我家的保姆，她帮我料理一些家务。"

警察点点头，来到保姆的屋子。保姆热情地招呼他。警察坐在屋内唯一的一把椅子上，感到椅子很凉。他问保姆，在太太丢钱的时候她在干什么。保姆回答说自己从下午4点开始，就一直在屋里，坐在警察现在坐的那把椅子上做针线活，从没离开半步。

听了保姆的描述，警察笑了。然后他说："女士，我想我能在这个屋子里找到10000元。你并没有一直坐在这里，你是在我敲你的房门时，才坐到椅子上的。"

保姆看着警察的脸，慢慢地低下了头。

警察发现了什么细节才做出如此判断？

破案密钥　坐、椅子

偷钻石

难度指数：★★★★☆

一天夜里11点钟，在塞达城的高级住宅区，一个名叫汤姆的窃贼来到一幢没有灯光、汽车库门敞开着的别墅前，略施小计就打开门进了屋。

汤姆从客厅开始，不慌不忙地"打扫"每个房间，熟练地检查每一个可能藏有钱财的抽屉、书柜、暗橱。他走进最后一间书房时，立即被一个嵌在墙内的保险箱吸引了。

保险箱上装有一把保险性能极高的锁。

他从宽大的斗篷里取出一整套自制的精良工具，小心翼翼地摆弄着锁头，却一直打不开。

他抹掉前额的汗珠，摘下手套放在椅子上，一次一次地拨弄，保险箱终于被打开了，箱内铺着一块红色的天鹅绒垫子，上面整整齐齐地放着一层大小不一、熠熠生辉的钻石！

就在此时，凭着职业的敏感，他听到有人开门。

他赶紧藏好钻石，拿起工具和电筒，像鬼影一样隐在窗帘后面。等到屋主人走进书房时，只见两扇窗一来一去地撞击着窗棂，窗帘随风呼呼地飘动着。

15分钟后，西西比探长赶到现场。1小时后，办事效率很高的探长在汽车加油站逮捕了汤姆。

汤姆在哪个环节出错了？探长究竟掌握了什么证据？

破案密钥 摘下手套、放在椅子上

盲人捉贼

难度指数：★★★★★

费勒探长的一位钢琴家朋友，曾经在钢琴比赛中得了很多大奖。费勒探长的这位朋友不仅是一位钢琴家，更有一项令人钦佩的技能——因为他是一位盲人，所以他的耳朵异常灵敏，有"金耳朵"之称。

有一次，有一个富商举办宴会，费勒探长和钢琴家都参加了这个宴会。富商请钢琴家表演一段曲子。钢琴家坐到钢琴前，弹起了欢快的圆舞曲，人们跳起了舞。忽然，乐曲停止了，钢琴家说："你的钢琴有个键音不准。"富商尴尬地笑了，只好播放唱片。大家又开始跳舞，就在这时候，房间里的灯全部熄灭了，周围一片漆黑，紧接着，"扑通"一声，楼上好像什么东西被碰倒了。富商惊叫起来："楼上的书房里有贼！"人们也惊叫起来。费勒探长大声说："请安静！"大家静了下来，只听到大座钟"嘀嗒嘀嗒"的声音。

盲人平时就不用眼睛看东西，没有灯光对钢琴家来说毫无影响。他让费勒探长搀着自己，悄悄地来到二楼书房门口，轻轻地推开房门，里面一片漆黑，什么都看不见，小偷躲在哪里呢？钢琴家听了一会儿，座钟的声音忽然变弱了，他凑近费勒探长的耳朵，小声地说："你摸着我的食指，那就是小偷躲藏的方向。"探长点点头，便朝着那个方向扑了过去，只听"哎哟"一声，有一个人应声倒下了。

这时，富商点着蜡烛也过来了。于是，人们看到落地大座钟的前面，躺着一个男子，正捂着腹部呻吟，银箱里的钱掉了一地。费勒探长马上明白了，盲人为什么能"看"到小偷。钢琴家实际上是靠"金耳朵"听出了小偷躲在哪儿。

现场有什么迹象能让钢琴家"听"出小偷的位置？

破案密钥　座钟的声音、变弱了

恶毒的侄子

难度指数：★★★☆☆

小赵是村里出了名的二流子，整天不务正业，他的一大爱好就是赌钱。最近，他欠下了一大笔赌债，整日被债主逼债，东躲西藏。最后，为了还上赌债，他想杀害自己的婶婶夺取她的钱财。

婶婶一个人生活。这一天，小赵事先打电话给婶婶说："婶婶，今天晚上我去看你，好吗？"

"今晚8点以后我在家，不过，你可别又想耍花招骗我的钱！"婶婶知道小赵一来，肯定不是借钱就是要钱。

晚上8点多钟，小赵果然来到婶婶家，还提了一盒蛋糕。

"呦，我侄子还是头一次这么大方呢！"婶婶不由得放松了警惕。谁知，她刚吃了几口蛋糕就被毒死了，原来小赵在蛋糕上涂了毒药。

小赵将婶婶的钱财席卷一空后，正准备匆匆离开现场，突然，他发现电话机旁边的记事本上用铅笔写着一行字：

今晚8点，侄子小赵预约来访。

小赵立刻把这张纸撕下来烧掉，把纸灰扔进抽水马桶里用水冲干净了，然后逃离了现场。

可是第二天一大早，小赵刚刚起床就被警察抓走了。

破案的线索就是那本记事本。

请问，警察是怎样破案的？

破案密钥 铅笔

船上的盗窃案

在一个海风大作的下午，返航回来的西里尔航船终于停靠在了太阳岛。可是，船停下来很久都没有人下船。终于有人下来了，只说要找太平郎，说完他又回到了船上。

太平郎到了船上才知道，原来有一位乘客发现自己给妻子买的昂贵的金项链不见了。

而船长西里尔无法确定嫌疑人是谁，也不可能对全部乘客进行搜查，只得命令船上所有的人都不许离开，等待太阳岛上的名侦探——太平郎的到来。

失主对太平郎说："由于今天的海风很大，所以我感觉身体很不舒服。有一小会儿的时间，船平稳下来了，我就去甲板上透了透风。也就不到10分钟的时间，我就回来了，可是项链却不见了。出去之前我还看了它一眼呢！"

太平郎在船舱中观察着所有的乘客。当他看到一个女作家仍然在写东西的时候，便走过去翻了翻她的笔记本。笔记本上，女作家一共写了十几页字，每一页上，字迹都是工工整整的。他带着欣赏的目光问女作家："好漂亮的字，这都是您今天写的吗？"

女作家微笑着说："谢谢！都是今天下午写的。吃完午饭后我就没离开过这里，因为我希望在船到达太阳岛的时候，能够把那个浪漫的故事写完。"

太平郎说："请您把项链交还给失主吧！"

女作家拿项链了吗？

破案密钥　字迹、工工整整

愚蠢的人

难度指数：★★★☆☆

迪特丹酒店将要举办珠宝展览会，前来参加展览会的希尼小姐住在三楼。希尼小姐进入房间后，把装满珠宝的手提箱放在了床头柜上，然后洗完澡就睡下了。细心的她在睡下之前再次检查了珠宝箱。

第二天早上，希尼小姐哭着给邦德警长打电话报案，说："警长先生，我的珠宝箱不见了，你能帮我找回我的珠宝吗？"

邦德警长来到希尼小姐住的酒店。希尼小姐泪如泉涌地告诉邦德警长：

"今天一大早，我正在浴室里洗漱，突然听见'啊'的一声惊叫，紧接着是人摔倒的声音。我立刻跑出浴室，只见服务员倒在门口，额头上还流着鲜血。我刚要取医务箱，服务员告诉我说，他看见我的珠宝箱被人抢走了。我一看珠宝箱确实不见了，就马上给你打了电话。"

服务员说："刚才，我给希尼小姐送来一杯热牛奶。我刚跨进房间，一阵

风从后面吹过，没等我回头，头上就被狠狠地砸了一下，我就摔倒在地上了。这时，我看见一个蒙面人拿着希尼小姐的珠宝箱逃走了。"

邦德走到床头，见柜子上放着一杯牛奶。他想了一下，然后对服务员说："请你告诉我珠宝箱的去向吧！"

邦德警长根据什么细节识破了服务员的谎言？

破案密钥　柜子上、牛奶

侦探小说掠影

金田一耕助，日本推理小说家横沟正史笔下的名侦探，他第一次出场是在小说《本阵杀人事件》中，他留着一头乱蓬蓬的鸟窝头，戴一顶软帽，穿一身脏兮兮的和服。他1913年出生于岩手县，血型O型。18岁从地元中学毕业后去了东京，住在神田并进入私立大学学习，学习时为生计而从事洗盘子等工作。他19岁的时候在旧金山解决了一件杀人事件。后来在冈山县果园主久保银造的资助下完成了学业，回国开设了一家侦探事务所。之后因为侦破了几起著名的案件而名声大震。

怪异的圣诞老人

难度指数：★★★★☆

在大雪纷飞的圣诞夜，纽约第五街挤满了买圣诞礼物的人。

霓虹灯闪烁的街道，挂满圣诞节饰品，穿红衣的圣诞老公公举着招牌，令人不禁想多看一眼。

灯火通明的大街，突然传来警报声。

声音来自不远处的暗巷里。正好路过的圣诞老公公跑去一看，一位男子倒在一栋旧大楼的仓库前，腹部中刀死亡。

人们赶到仓库后，又发现了一具男子的尸体。

这位躺在仓库内的死者是身穿制服的守卫，同样是腹部被刺中一刀。他就倒卧在有着警铃的墙壁旁边，警察推测他是在被凶手刺杀断气之前，努力爬至警铃处，按下警铃求救的。现场灭火器已经损坏了，白色灭火剂四处飞散。似乎是守卫在遭到歹徒袭击时，用灭火器抵抗，开启了灭火器，喷出了灭火剂。

警方立即在附近拉起紧急警戒线，过滤可疑人物。

一位刑警发现，混在人群中的一位圣诞老公公步伐沉重而笨拙。

"喂！那位圣诞老公公，请等一等！"刑警叫住他，发现他满脸汗水。刑警立即取下他的红帽子、白胡须。

"你就是犯人！你头发上的白色灭火剂就是证据。"说完，立即给他戴上手铐。

为什么刑警怀疑圣诞老公公是凶手？

破案密钥　步伐沉重而笨拙

大案追踪 之 绝密档案

案件回放

　　意大利著名画家列奥纳多·达·芬奇一生作过许多画，其中，他的绝代佳作《蒙娜丽莎》更是举世闻名。该画现在被珍藏在法国国立艺术博物馆罗浮宫内，是该馆的"三大镇馆之宝"之一，被世人誉为罗浮宫的"第一夫人"。

　　截至1911年8月21日，《蒙娜丽莎》已平平安安地在巴黎宫殿中"居住"了近400年。然而，就在这天晚上，一个职业窃贼潜入了罗浮宫，从展览馆的镜框上将她取了下来……《蒙娜丽莎》被盗了！

　　这起事件震惊了整个法国。据报道，当时，闻听《蒙娜丽莎》画作丢失的消息后，有数万《蒙娜丽莎》的粉丝立即为此茶不思、饭不想，甚至精神失常！法国警方紧急行动，立即封锁了全部边界，检查所有出入境人员的物品，企图阻止这幅名画被转移出境。

疑点丛生

　　这时，法国警方发现了重大嫌疑人——一个长期游荡于欧洲大陆的盗窃走私老手，名叫佩鲁吉亚。此人在1908年因盗窃被巴黎警察局拘捕过。警方经过进一步的调查发现，在案发前几天，佩鲁吉亚还正在巴黎游荡；但案发后，他神秘地消失了！

　　佩鲁吉亚在作案时虽然神不知鬼不觉地躲过了戒备森严的

保安系统，但他在作案时，不小心将指纹留在了画框上！这个指纹恰巧被警方发现并完整地提取了！

指纹技术

此时，指纹技术刚刚从中国传到西方，在当时的欧洲还是一项极其新鲜、前卫的技术。公众包括绝大多数警察以及几乎所有的作案者都不甚了解这项技术。巴黎警方虽曾法办过佩鲁吉亚这个臭名昭著的窃贼，但他们只有他的人体测量资料，而没有他的指纹资料，一筹莫展的法国警察只得请欧洲各国同行予以支持。

人体测量法

科学的指纹鉴定技术在法国还未被完全接受，特别是当时承办此案的法国人体测量学权威、高级警官伯蒂朗对此给予了顽固的抵制。因为伯蒂朗本人在这之前曾依照体质人类学的理论，发明了用于个人识别的人体测量法。他提出：人的骨骼系统从20岁起一直到死亡是不会变化的，通过各部位骨骼之间的差异可比较出个体与个体之间的差异，从而达到对个体进行识别的目的。但"'伯蒂朗'式罪犯人体测量法"有其致命的弱点：因人体生长变化较大和测量标准难以掌握，造成测量中出现较大的误差，不能保证个体识别的唯一性。

真相

在法国警界高层人士对指纹技术和人体测量法哪个更利于破案进行激烈的对抗时，《蒙娜丽莎》一案的真相最终浮出水面——在欧洲同行的协助下，佩鲁吉亚被抓住了。佩鲁吉亚对警察所提出的指纹证明完全不知就里，但他最终还是不得不交代了藏画地点。

1913年1月26日，警方在法国边境小镇——第莫特的一个农民家中的床底下的麻袋中，小心翼翼地将《蒙娜丽莎》取出，这幅世界画作中的珍品终于回归法国国立艺术博物馆罗浮宫。

牛肉干断案

难度指数：★★★★★

埃达在莉亚家里杀死莉亚之后，制造了一个莉亚上吊自杀的现场。

一切做好后，埃达正准备锁门离开，但她发现，没有钥匙门是锁不上的，她找了半天，也没有找到钥匙，于是便出了门。

一个小时以后，埃达和莉亚的好友凯特开车来到莉亚家。"莉亚因为最近被老板炒了鱿鱼，心情不好，正好今天咱们一起劝劝她。要不是你带我来莉亚家，我还真找不到。"埃达装模作样地对凯特说。

下了车，两个人喊莉亚的名字，没有人答应。她们见门没有锁，就推门进屋，但发现莉亚不在家。

最后，埃达快步走上顶楼，大喊："啊！莉亚上吊自杀了。"

就在两人刚要报警的时候，楼下传来"吱"的开门声。凯特跟着埃达来到莉亚家后门，见一个小男孩送来自家特制的牛肉干。

"这是我妈妈让我给莉亚阿姨送来的。"小男孩说。

凯特接过牛肉干后，掏出手机报了警。警察赶到后凯特对警长说了几句悄悄话，随后警长命人把埃达抓了起来。

凯特对警长说了些什么呢？

破案密钥　跟着、莉亚家后门

浮在湖上的尸体

难度指数：★★★★★

田川因挪用公款被同事吴晶威胁，田川起了杀人灭口的念头。

有一天晚上，他请吴晶到自己的住处，骗吴晶喝下放了安眠药的威士忌，然后他用绳索绑住吴晶的手脚，将他拖至浴室，将他的脸压入水桶中。

水桶里的水是他特地从附近雷曼湖取来的。如果用自来水，事后，法医解剖尸体，就会露出破绽。因为与自来水相比，湖水含有浮游生物。

吴晶因呼吸困难而拼命挣扎，但数分钟后便气绝身亡了。

接下来，田川为了制造自己不在场的证据，又到附近友人家里，与友人聊了两小时左右才离开。

到了半夜，田川才将尸体搬到车上，运至雷曼湖。他拖出尸体，再将吴晶长裤的拉链拉下，将其推入湖中。这样看起来，就好像是吴晶尿急在湖边小便，但因酒醉不慎坠湖身亡。

这时正好是深夜，附近没有人，不必担心被看见。田川看看表，时间是半夜1点15分。"成功了！" 田川喃喃自语地回到住处。

第二天早上下了小雨，有人在湖面发现了浮尸，法医前往检验。尸检是在一条船上进行的。

"死亡时刻推定是昨晚9点左右，并非因单纯意外事故

而死，是他杀！罪犯昨晚9点左右将被害人溺死，约4小时后，也就是半夜1点15分左右，把尸体运至此处，推入湖中。"法医发现了死者手腕上戴着一块手表，于是，法医尚未解剖尸体，就看穿了真相。

这是为什么呢？

破案密钥　死者手腕上的手表

 你肯定不知道

平时总是很开心的人：在这里指的是开心得有点超常的人，这种人通常都有心事。

边说边笑的人：这种人与你交谈时，你会觉得非常轻松愉快。他们大都性格开朗，对生活要求从不苛刻，很注意享受生活，知足常乐，富有人情味，感情专一，对友情、亲情特别珍惜，人缘较好，喜爱平静的生活。

爱掰手指的人：这种人习惯于把自己的手指掰得咯咯响。他们通常精力旺盛，非常健谈，但喜欢钻牛角尖；对事业、工作环境比较挑剔，但如果是他喜欢干的事，他会不计任何代价踏实努力地去干。

"诚实" 男人的死

难度指数：★★★★☆

一天早上，清洁工在一家商贸公司的办公室里发现了亚莫斯的尸体。亚莫斯是被人用一把尖锐的水果刀刺死的，刀子还扎在后背上。

法医推断亚莫斯死亡的时间是前一天下午6点左右。

警方讯问了亚莫斯结婚半年的妻子布兰琪。布兰琪听到死讯后情绪极为激动："我们结婚才半年多。他是我遇到的最浪漫、最诚实的人，怎么会有人杀他？"

托比是亚莫斯公司的合伙人，他悲伤地说："我十分信任亚莫斯，他是一个好律师。昨天我下班的时候他还在工作。6点时，公司的人已经下班了，我去了健身俱乐部。我很羡慕他那棕色的皮肤和健康的体魄，也很难相信会有人要杀他。"

探长调查了亚莫斯的个人资料，发现这个号称诚实的人竟然有从合作公司侵吞钱财的行为。此外，在亚莫斯的电话簿中，探长还找到了一个名叫马蒂莲的女人的电话号码。

随后，警员们在马蒂莲女士经营的茶餐厅里找到了她。得知亚莫斯的死讯后，这个迷人的红发女郎涕泪涟涟，显得十分伤心。而当警察告诉她亚莫斯是一个已婚男人后，马蒂莲哭得更伤心了："昨天下午亚莫斯还跟我在一起，就在我的公寓

里……这个浑蛋，他说他没结婚，两个月来他一直在疯狂地追求我。我以为他马上就要向我求婚了……"

探长和助手查看了解剖后的尸体。亚莫斯浑身的皮肤都显出晒过日光浴后的棕色，而戴结婚戒指的左手无名指处却有道白痕。

"3人都有杀人动机，但是其中一个人却有最大的嫌疑……"探长说。

探长在尸体上发现了什么秘密？他说的嫌疑人是谁？

破案密钥 无名指、白痕

侦探小说掠影

《俗丽之夜》是英国的多萝西·塞耶斯所著。在推理小说史上，多萝西·塞耶斯是一个伟大的名字。她与阿加莎·克里斯蒂、约瑟芬·铁伊并称"推理三女王"。她创造了永垂不朽的业余神探彼特·温西爵爷。该书即为她的最佳作品，讲的是女校里的故事。多萝西·塞耶斯对推理文坛的贡献，是将推理小说从"纯粹解谜过关"的泥淖中拔了出来，将其提升到现代主流小说之林。在她创作的作品中，可以看出，20世纪的推理文学有了真实的血肉面貌，而不再只是虚无缥缈的、抽象的命案。

失踪的乘客

难度指数：★★★★☆

有一名乘客在从M地开往N地的火车上失踪了。

火车从M站发出后不久，列车员便开始检票，当时那名乘客已换上了火车上的睡衣，正在叠换下的西服。第二天，列车通过G站时，列车员便发现这位乘客不见了，但是他的皮箱还在，列车员也没多想。然而，到了终点站N站时，仍不见那个人的身影。于是，列车员便将此事报告了铁路警察。

如果说他是深更半夜去厕所，因睡迷糊了而从车门掉了下去的话，那是不可能的，因为车门不是手动的。

最大的可能就是他在途经的3个车站停车时，下车到站台买东西被车丢下了，但是列车员也没有接到任何一个途经的车站的联络电话。

警方开始怀疑男子被人绑架了，在中途站被强行带下了车。然而，男子穿着睡衣，他下车会很显眼。

警方对这一失踪案件也直摇头。

警方开始检查男子随行所带的东西——一只皮箱和一本周刊杂志及在M站买的一盒点心。警察打开皮箱一看，里面装着一身西服、衬衣、领带及一套洗漱用具。西服上衣的兜里装有1万元现金和笔记本、名片夹、手帕、卫生纸等。警察根据名片夹里的名片得知，失踪的乘客是A银行B分行的代理分行长钱某。

"遗留物就这些吗？"

"是的，就这些。" "看来此人既不是被绑架也不是被车丢下了，而是本人故意失踪的。如果是银行的人，那一定是贪污巨款躲藏起来了。"警察断定说。

这位失踪乘客的物品里到底透露了什么秘密？

破案密钥　　兜里的物品

 你肯定不知道

一味客气的人：这种人通常给别人以不真实的感觉，请珍惜他们，因为他们变成这样，往往是由于在人际交往中受过很严重的挫折。

别人讲话的时候，总是下意识地用手把嘴或者其他地方遮盖住的人：这是个很重要的行为，表示他很没有安全感，可能家庭中有父母离异或者受童年生活的影响，这种人一般很难从心理上接受一个人，或者信任一个人。

真假布店伙计

难度指数：★★★☆☆

古时候，有一个人名叫王乔，他在一个布店里当小学徒。布店里的布全是卷起来的，顾客要买布了，店里的伙计就把布打开，让顾客挑，卖完布以后，再把布卷起来。王乔天天卷布，卷得手都起泡了。

有一天，老板要王乔送一匹布到一个裁缝店去。他扛着布就上了路，走到一半，突然一个闪电，天上下起了雷阵雨。豆大的雨点噼噼啪啪地砸下来，路上的行人都抱着头，赶紧找地方躲雨。王乔担心，大雨会把布淋湿，他看到路边有一座凉亭，马上奔了进去。

凉亭里，已经有一个年轻人在躲雨，看到王乔进来，这个年轻人很热情地和他打了个招呼。王乔就和他一起聊天。聊着聊着，雨一下子停了，太阳出来了。王乔对那个年轻人说："天晴了，我该送布去了，再见吧！"说着，他拿起布就要走，谁知那年轻人抢过布，生气地说："你怎么拿我的布？"王乔奇怪地问："这是我的布，你是不是搞错了？"年轻人理直气壮地说："明明是我的布！"两人争吵起来，最后，只好请县官来评判。

县官把布料摊开，认真地看了看，然后叹了口气，挥挥手说："本官看不出来什么证据，请你们把布料卷起来，本官不管啦！"

年轻人得意极了，抢先夺过布料，手忙脚乱地卷起来。

县官哈哈大笑，指着年轻人说："你才是真的骗子啊！"

县官凭什么判断年轻人就是骗子？

破案密钥 手忙脚乱地卷起来

母爱断案

难度指数：★★★☆☆

清朝年间，在河东县的赵庄，赵家和李家的媳妇在同一天各生了一个男孩。可不幸的是，李家媳妇的孩子还没满月就夭折了。为了不让婆婆知道，李家媳妇想把赵家媳妇的孩子偷来，这样，自己就不会被狠心的婆婆赶出家门了。

一天，李家媳妇趁赵家媳妇外出，偷偷把赵家的孩子抱回自己家。赵家夫妇在方圆百里找了几天后，仍没有孩子的下落。事隔一周，赵家媳妇去李家串门，因为时间太仓促，李家媳妇没能来得及把孩子藏起来，赵家媳妇一进屋便认出躺在床上的孩子正是自己的亲生骨肉。赵家媳妇为了要回自己的孩子，和李家媳妇打得头破血流。最后两家人一起带着小孩来到衙门。这时，县太爷说："你们现在开始抢孩子吧！谁抢到，孩子就归谁。"

话音刚落，两个妇女便开始抢孩子。赵家媳妇刚拽住小孩的左胳膊，没等用力，小孩就放声大哭，赵家媳妇马上把手松开了，李家媳妇顺势把孩子揽入自己怀中。

这时，县太爷把惊堂木一拍，喊道："大胆李氏，还不快快从实招来，你是如何偷走赵家孩子的？否则休怪本官对你大刑伺候。"

县太爷说出了自己断案的依据，说完李家媳妇便低头认了罪。

县太爷是根据什么怀疑李氏的？

破案密钥　赵家媳妇、松开了

谁偷了画册

难度指数：★★★☆☆

　　史蒂芬退休后，在小镇上开了一家画册店，专门卖昂贵的画册，生意一直不错。这天，下着倾盆大雨，一上午只有两位客人——威廉先生和芬妮太太。

　　威廉先生买了一本法国大革命时期的画册。忘戴近视镜的芬妮太太挑选了好半天，才买下了一本画册，付款时连自己手上的5元纸币都看不清楚。客人走后，史蒂芬开始整理书架上的画册。

　　糟了，史蒂芬发现书架上少了一本昂贵的画册！今天只有两位顾客来过，画册肯定是被其中一个人偷走了。于是，他分别去威廉先生和芬妮太太家里索要。史蒂芬先来到威廉先生家里，他说明来意之后，威廉先生便火冒三丈，把他赶了出来。史蒂芬又来到芬妮太太家，他说明来意后，芬妮太太神色慌张地说："我发誓我没有偷您的画册。不过在我买画册的时候，我看到我旁边两米远的地方，有位客人手里拿着那本画册。"

　　史蒂芬垂头丧气地打算返回店里，这时，他正好遇到了这个小镇的警长，他对警长讲述了事情的原委。很快，警长就帮他找回了画册。

　　你知道画册是谁偷的吗？依据是什么？

破案密钥　付款、5元纸币、看不清楚

语文老师的作文课

难度指数：★★★☆☆

学校隔壁的唱片店里，发生了偷窃案。原来，这天早上，老板打开店门，发现窗户玻璃被打碎了，货架上少了一套最流行的唱片，而旁边的两个钱柜里，几百元现金一分也没少，老板就向警方报了案。

摩恩探长认为，小偷很可能是学校里的学生，学生可能因为太喜欢唱片了，又没有钱买，就一时糊涂做了错事。如果大张旗鼓地调查，让大家都知道某个学生偷了东西，不利于他今后的成长。

探长就和校长商量，最后，他们想出了一个办法。探长假扮成新来的语文老师，来到歌迷最多的三班，对同学们说："为了训练你们的想象能力，我让大家写一篇作文，题目是'午夜小偷'。假设你是一个小偷，写一写昨天晚上你怎样进入隔壁的唱片店，然后偷了什么东西。越具体越好，半小时后交卷。"

晚上，摩恩探长认真阅读作文，其中有3篇作文引起了他的注意。第一篇作文写道："昨天半夜里，我打碎了唱片店的玻璃窗，爬了进去。我先找钱柜，没有找到，就拿了一张最值钱的唱片，悄悄地溜出了商店。"第二篇作文写道："我用金刚刀划破了窗玻璃，钻进店里，我没有去撬那两个钱柜，而是抓紧时间偷了几张唱片，溜了出来。"第三篇作文写道："昨天半夜里，我戴着手套撬开了抽屉锁，偷了里面的很多钱，又偷了很多唱片，我要用这些钱买很多好听的唱片。"

第二天早上，摩恩探长找来其中一个学生，经耐心教育，他终于承认，是他偷了那套唱片。

作文里有什么秘密？摩恩探长找来了哪个学生？

破案密钥　两个钱柜

留下的痕迹

难度指数：★★★★☆

放高利贷的田贺住在二楼。在一个漆黑的夜晚，田贺正在家里整理放高利贷的账目，一个蒙面人闯进了他的房间。

蒙面人用枪对准了田贺，大声说："你要死还是要活？"

"要活，求求你，不要杀我，你要什么我都给你。"田贺失去了放高利贷时趾高气扬的架势，装出一副奴颜媚骨、十分可怜的样子。

"好！那我不杀你，但你要给我100万！"蒙面人狮子大开口。

"好好好，我家里就这么多。"田贺急忙打开平日自己都舍不得打开的保险柜，把钱全部送给了蒙面人。

蒙面人来到田贺的电脑前，摘下手套，敲击键盘。他打开了田贺的所有账户，把所有的账目都来个全选，再作了删除。随后，他得意地戴上手套，用绳子把田贺绑在了椅子上。最后，他把地面上、窗户上的痕迹都清除了一遍，转身从窗子滑落下去，消失在夜幕之中。

田贺被绑在椅子上，使劲地挣扎，他活动的声音惊醒了楼下的人。楼下的人就上来敲门，门打不开，人家就报警了。警察强行打开门，进门一看，原来田贺被绑着。最终，田贺获救了。

警察很快破获了此案，抢劫犯很快被缉拿归案。

蒙面人留下了什么破绽？

破案密钥 指纹

大号放大镜

已有85岁高龄的邓宁是一位著名的集邮专家。今晚他在卧室里为一位朋友的集邮品估价。朋友去客厅参加舞会，仆人走进来想扶邓宁上床休息，却发现他伏在桌子上，因颅骨受到致命打击而死了，于是仆人立即打电话请来了名侦探霍金斯。霍金斯看过尸体，判断邓宁死亡时间约在20分钟以前。仆人说："我进门时，好像听见轻轻的关门声，似乎是从后楼梯口传来的。

霍金斯仔细察看了桌子上的物品：一把镊子、一本邮集、一册集邮编目、一瓶挥发油和一支用于检查邮票水印的滴管。霍金斯走出房间来到楼梯边，俯视下面的客厅，那儿正在为邓宁的孙女举行化装舞会。

"谁将是邓宁遗嘱的受益者？""嗯……有我，还有今天舞会上的所有人。"仆人答道。

霍金斯居高临下，逐一审视那些穿着奇装异服的狂欢者，他的目光最后落在一个扮作福尔摩斯的年轻人身上。他斜戴着一顶旧式猎帽，叼着个大烟斗，将一个大号放大镜放在眼前，装模作样地审视着身边一位化装成白雪公主的姑娘。"你快去报警，"霍金斯吩咐仆人说，"我要拘捕这位福尔摩斯先生的扮演者。"

放大镜和此案有何密切的关系？

破案密钥　集邮专家、物品

音乐会上的谋杀

难度指数：★★★★☆

　　直到音乐会开幕的当晚，著名指挥家格雷对他的两个得意门生巴蒂和埃利谁将首次登台独奏小提琴，仍然犹豫不决。开幕前15分钟，他才告知巴蒂准备出场演奏。然后，将这个决定告知埃利，埃利感到又气愤又遗憾。

　　10分钟之后，格雷去叫巴蒂准备出场演奏，却发现巴蒂倒毙在小小的化妆间里！他头部中弹，血流满地……格雷慌忙敲开侧门，将这一惨案报告给了尼斯探长。

　　探长见开场时间已到，就极力劝格雷先别声张，继续演出。然后，他走进埃利的化妆间。埃利听到最后决定让他登台时，没有询问理由，便拉了拉领带，兴高采烈地拿起小提琴，随格雷登台了。

　　当听众如痴如醉地沉浸在埃利演奏的优美的乐曲中时，尼斯探长却拿起电话通知警察前来逮捕这位初露头角的青年小提琴手。

　　探长根据什么细节要逮捕埃利？

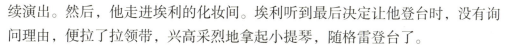

破案密钥　没有询问理由

车祸肇事逃逸者的谎言

难度指数：★★★★☆

　　某个夏夜，一个年轻人驾车回家时，因为有些困意，不小心将一个妇女撞倒了。

　　年轻人非常害怕，为了不让自己惹上麻烦，他不顾妇女的死活，开车逃回了家中。

　　到家后，他发现车子完好无损，一点刮痕也没有。想了一会儿后，他拿来一个锥子将轮胎刺破。他认为，这样别人就不会怀疑自己了。

　　做完这些，他打算回房睡觉，可就在他还没脱掉鞋子时，门铃响了。

　　一位交警站在门口对他说："先生，刚才有目击者看到了你的车牌号，报警说你撞倒了一个妇女，现在请你跟我们回去协助调查。"

　　年轻人虽然很害怕，但还是装出很委屈的样子，说道："你们搞错了吧？我整晚一直都在家里看电视，根本就没有开车出去过，又怎么会撞倒别人呢？而且我的车胎早就被扎破了，我都好久没有开车出去过了。不信你可以去车库检查一下。"

　　交警摸了摸他家电视，又跟着他来到车库，看见车胎果然瘪瘪的。这时，交警用手摸了摸车子的某个部位，确认了这个年轻人的车胎爆了，但是，他还是严肃地说："年轻人，你还是和我们走一趟吧！"

　　哪个细节让年轻人的谎言露了馅？

破案密钥 摸了摸

转移尸体

难度指数：★★★★☆

乔治的女友库兹涅娃是一个脾气异常暴躁的女孩。

这一天晚上，女友与他又发生了激烈的争执。之后，库兹涅娃气愤地去洗澡。突然，她在浴缸里心脏病发作，死了。

乔治很害怕，担心警方怀疑是他杀害了库兹涅娃，从而给自己带来麻烦。于是，乔治决定把库兹涅娃送回她自己的单身住所的浴室里。

一番折腾后，乔治终于把库兹涅娃送回了她自己的住所。此时天已大亮，幸好库兹涅娃的住所位于城市的边缘，人烟稀少，乔治并没有被人发现。

乔治悄悄地把库兹涅娃放到浴缸里，打开热水器在浴缸里放满温水。接着又把她的手提包和高跟鞋摆到适当的位置，随后便悄悄地离开了库兹涅娃的住所。

当天下午3点左右，库兹涅娃的尸体被发现了。法医检查后说："死因是心脏病突发，初步推测大约是在昨天晚上10点到12点之间。"

探长环顾四周，沉思片刻后说："如果能肯定死亡时间，那么这个浴室一定不是第一现场，肯定是这个女孩死了以后，才被运到这里来的。"

乔治有什么疏忽使探长断定尸体是从别处运来的呢？

破案密钥 晚上、天色大亮

小偷的**疏忽**

有经验的小偷常常为了安全起见，在行动之前，都会长时间地蹲点观察。

一个小偷观察小区里的一位女子已经好几个月了，果真是收获颇丰。因为他发现在每月的10号，女子都会到朋友家里住上一晚。

于是，这个月10号，他在目送女子走了之后，趁着夜深人静，悄悄地爬到女子家的阳台上，然后从阳台进入室内。

来到屋内后，他发现房间里没有人，便大胆地打开了房间里的灯。

他首先来到办公桌前，不紧不慢地打开抽屉，但没有翻动里面的东西就关上了；接着他又打开了文件柜，发现里面只有文件，便没有继续翻动，把文件柜关好；最后，他发现了角落里的保险柜，于是便打开保险柜，取出了钞票，然后关好。

为了让警方查不到任何线索，他在离开房间之前，用手绢把自己摸过的地方都擦了一遍，就连电灯开关都没有落下。最后，他熟练地用脚带上了门。

"除非有人打开保险柜，否则不会有人知道我来过！"小偷得意地想。可是，第二天，第一个进房间的人就发现了昨天这里有人来过。

小偷的破绽究竟在哪里呢？

破案密钥 阳台、门

金匕首

难度指数：★★★☆☆

大卫常常以自己多年打拼积累下的庞大产业和财产为荣，经常奚落弟弟史密斯，说他没有头脑，是个只知道干活的没有出息的人。

史密斯失业了，但他并不是一个单身汉，他有温柔善良的妻子和一双可爱的小儿女。为了生计，他不得不到一直看不起他的哥哥大卫那寻求帮助。

大卫是个未婚富翁，他说他今年经常要出差，便让弟弟看家。

虽然大卫家有很多防盗措施，但因为屋里有很多贵重物品，所以史密斯开始看管得很小心。但时间一长，史密斯就没那么尽心了。

这天晚上，史密斯和老朋友见面，喝多了酒，他在后半夜酒醒后回大卫家，却发现有人行窃！

小偷见人来了，赶紧跑了。史密斯清点了一下，发现除了柜子上的金匕首，其他丢失的物品都不太贵重。

他想："这下子，我不但面临失业，一家人面临着挨饿，也没法向哥哥大卫交代啊！等待着我的不知道又是一些什么难听的话！"

史密斯很怕大卫，整个夜晚都失眠了，直到天色渐渐明亮，他还是没有想出更好的办法来，只好叫来了警察。

警察赶来后，侦查了一番，毫无结果，只好给出差在外的大卫打了电话。

警察说："大卫先生，您家被盗了！"

"什么？史密斯这个废物，他是怎么帮我看护的！唉，我的金匕首啊！"
警察说："哦，大卫先生，您露馅了，请您赶快回来接受调查吧。"

警察为什么怀疑大卫有问题呢？

破案密钥 我的金匕首啊

寻找目击者

　　黄昏时分，空气中弥漫着紫丁香的气息。南可博士和莫森警长沿着一条鹅卵石小路缓慢地走着。这条小路从詹姆斯·福特新油漆过的后门廊和后院的工具屋之间穿过。

　　"我可以肯定的是，在这条小路的任何地方，"莫森说，"福特都可以看见费库被杀的情景。他是我们唯一可以找到的目击证人，但他却说自己什么也没看见。"

　　"那他对此又作何解释？"南可指着那些沿路洒成一条白线的白色油漆痕迹问道。

　　"当时福特刚刚漆完门廊，正拿着油漆罐往工具房走，忽然，枪击事件发生了。"莫森解释道，"福特声称，他一直走到工具房才发现油漆洒了一路。"

　　南可于是更加仔细地察看油漆滴在地上的痕迹。从门廊到小路中间，滴在路面的油漆呈圆点状，每隔两步一滴；从路中间到工具房，滴下的油漆则呈椭圆点状，间隔为五步一滴。进到工具房里，南可发现门背后挂着一把大锁头。"无疑，他怕说出实情后会遭到凶手的报复。"南可说，"但他肯定看到了这里所发生的一切。"

　　这件事藏着怎样的秘密？

破案密钥　油漆

第六章

大侦探学校
毕业考试

One
minute
detection!

大侦探学校 毕业考试

 第一关

假设你是一名侦探，正在调查针对银行的系列抢劫案，但唯一的线索是现场的一个鞋印。现在，找到留下这个鞋印的鞋子成了焦点问题。请你从下面这些鞋里找一找，判断一下是哪只鞋留下了这个鞋印。（20分）

现场的鞋印：

常见的鞋：

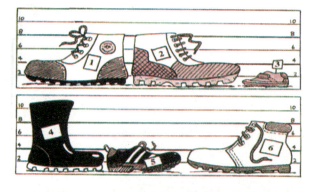

下图是一个谋杀案的案发现场，地上有一块碎了的豆腐。假如凶器就在现场，你能从图中的现场找出凶器吗？（20分）

第三关

现在是凌晨两点，假如你正在一个凶案现场做调查。死者是被铁锤击中脑袋后死亡的。正当你准备向法医询问死者的大致死亡时间时，你忽然发现，现场有蛛丝马迹能够说明死者的被杀时间。你能断定死者是何时被杀的吗？（20分）

307

▶ 第四关

　　你怀疑在自己离开后会有人偷偷进入自己的房间，所以决定用手头的东西（下图所示）证明自己的怀疑。那么你该怎么做呢？（20分）

▶ 第五关

　　假设你是一名侦探，从案发现场的这幅图中，你能判断出案发的时间吗？（20分）

自我评价 ➤➤➤➤➤➤➤➤➤➤➤➤➤➤➤➤➤➤➤➤➤

答对一道题：50分。很抱歉，你的考试没有过关，还需继续努力哟！

答对两道题：55分。你的分数只差一点点，再接再厉！

答对三道题：60分。你的成绩刚刚及格哟，不过你已经通过资格考试了！

答对四道题：80分。恭喜你从大侦探学校毕业了！你可以做一名侦探了！

第二章 真相就等你来揭开

吃鱼的家鹅：由家鹅不吃鱼这个结论可以判断出李大海在撒谎。

祝枝山捉贼：察心钵上涂满了黑色的灰，摸到的人手都是黑的，而贼不敢去摸，因此判断出，手上干净的人就是偷夜明珠的贼。

慧眼辨茄子：偷茄子的人害怕被别人发现，因此就会慌慌张张地不管大小、生熟，摘下就走。而摘自己家茄子的人总会从容不迫地把完全成熟的茄子摘下来，小的茄子会待成熟以后再摘。所以这位妇女显然是偷了别人家的茄子。

被揭发的罪行：因为久美子感染了霍乱。诊断报告的病名栏内记录着：霍乱。从东南亚回国的洋一是霍乱携带者。法医解剖他的尸体时，发现了霍乱病菌。久美子是因为吃了从洋一处偷来的太妃糖，所以感染了霍乱。

红宝石被盗案：红宝石藏在桌上的那盆观赏植物的土里。

探险家之死：这位探险家上吊自杀时，T字形铁架的2/3已经埋在沙中。因此，只要稍微用一点儿力气，即可将腰带挂在横棒上，很容易就可以上吊自杀。经过一段时间后，沙子被吹走了，因此看上去，就像探险家是爬上铁架的。

雨夜的报案：报案人从河里游上来，衣服全部湿透了，火柴肯定划不着了，说明他在撒谎，是他自己杀了人。

金牌被盗案：这个小偷在作案时不小心把眼镜片打碎了，索性就把玻璃门弄碎，试图掩盖现场留下的碎眼镜片。

巧妙开灯：凶手就是诺斯。他去开灯时没有被丽娜的尸体绊倒，就说明他很清楚客厅中央有一具尸体。

船长识贼：其实罪犯很容易被找出来。线索便是那张字条。首先，字条上有股鱼腥味儿，证明接触字条的人弄过鱼，这样，厨师的嫌疑最大。当然，水手等人也有接触鱼的可能，厨师也可能是被人陷害的，罪犯也可能是其他乘客。所以大卫让几个嫌疑人写字验证，因为每个人的笔迹都是不同的，不管罪犯是用左手写，还是故意写得潦草，爱好侦探故事的大卫通过字迹比对技术都能识别出来，最终大卫确认字条是厨师写的。

审狗断案：狗既然不通人言，又怎么会认识"御赐"两个字呢？

训练有素的狼狗：狗不叫就是证据。如果真的有强盗潜入，受过严格训练的狼狗就会大声吼叫。然而，邻居家准备考试的学生只听到了汽车的声音，这说明凶手是狼狗熟悉的人，也就是狗的主人克莱尔。

谁安放的录音机：是清洁工，他穿的是网球鞋，录音带上不会留下脚步声；而女秘书穿的是高跟鞋，如果是她作案，录音带上一定会留下脚步声。

沉入湖底的车子：妻子的个子太矮，如果她开丈夫的车就必须调整驾驶座椅的位置，而凶手忘记调整驾驶座椅的位置了。

藏在水中的银子：因为船夫为了避免银子被查出来，就利用自己水性好的特点，将银子藏在水中。于是，刺史做出这样的推理：船夫是想等官府检查过后，再偷偷返回去取银子。

替罪的瞎子：父亲是瞎子，如果发怒打人，一般是乱砸一气，而祖父的三处伤口排列整齐；父子诀别时，儿子举动反常，说明是父亲替罪。

一杯冰汽水：斯汀娜说家里停电3天了，那么冰箱里的汽水不可能是冰的，可是她家冰箱里的汽水还是冰凉的，福森特探长喝了以后，就知道她在撒谎。

157页和158页：157页和158页之间是没有页码的，所以罗伯特在撒谎。

列车上的失窃案：去德州的旅客被带走了，因为他的话违反了旅行常识。列车在停靠站时，为了保证站内卫生，厕所门一律锁着，不准使用。

公主的珍宝：原来苏无名到达京城那天，正遇上这些人出殡送葬，见他们行动异常，苏无名觉得事有蹊跷。根据经验，苏无名当时就怀疑他们是贼，但因为没有证据，也不可能跟踪着他们去何处埋葬。寒食节这天，当地百姓有扫墓的风俗，他估计这伙人必定趁机出城有所行动，所以只要跟着他们，找到墓地就能人赃并获了。果然，这天，这伙人进行了祭祀，可是他们依然不悲伤，这不符合常理。

遗嘱的暗示：凶手是马夫。马夫知道布泽尔中风以后不可能再骑马，他早晚会被辞掉。根据布泽尔遗嘱上的说明，他只有现在把布泽尔杀死，自己才能得到一部分财产。

探长为什么如此判断：因为窗台比较狭窄，所以玫瑰花凋谢后，花瓣应该掉到窗台旁边的地上，可地上根本没有花瓣，显然有人在死者死后打扫过房间。

密室之钥：犯人毒杀了被害人之后，用缝衣针在墙壁上的衣服口袋底部穿了两条长线，把这

两条线从缝线处往外拉出，自己便离开屋子，同时用钥匙锁上门。再将线穿过钥匙把手处的孔，从门下的缝隙处滑入。两条线巧妙地操作，就像空中缆车般移动钥匙，让钥匙进入口袋。钥匙进入口袋之后，持线的一手放松，另一手用力拉扯，则只剩钥匙留在口袋里，线回收至门外人手中，于是就制造出完全的密室效果。

奇怪的数字：首先，正常人看见亲人遇害，首先想到的应该是查看对方的生死，打急救电话，而不会想到先保护现场，找警察。其次，受害者如果想留下线索，为什么不直接写凶手的名字呢，他显然没有精力和体力去联想凶手名字和数字的对应关系。所以杰克是被陷害的，所谓的数字线索是凶手艾利克斯留下的。

台阶上的老裁缝：老人脸朝门站着，别人不会知道他是在锁门还是在开门，只有一直盯着老人看的人，才知道老人是从里面出来，正在锁门，所以中年人是嫌疑人。

衣架上的大衣：朱莉声称自己从未出去。但当她去取大衣时，探长发现她的大衣却在衣架的顶端，而如果是第一批的客人，她的大衣一定是在衣架的下端。因为按照先后到来的顺序从下往上摆放大衣，这是一种大家参加宴会都遵守的规矩。

门球场杀人事件：嫌疑人是利用莲蓬头消除足迹的。只要在水龙头上加上长塑胶水管，并接上莲蓬头，嫌疑人即可在自己的足迹上洒水后离去。如此一来，莲蓬头的水和雨有相同的作用，能够消除足迹。

难道是贼喊捉贼吗：抢劫犯是杰克，因为范尼的头发是干的，杰克是个光头，只要一擦就干了。

翻下悬崖的吉普车：烧毁的吉普车油箱的指针正指在零的位置，表明吉普车在掉下悬崖之

前，油箱里已经没有油了，不可能引起大火，这就暴露了翻车是人为制造的假象。

樱花草的秘密：凶手是出生于A市的田洋。因为樱花草是A市的市花，而花店女主人在遇害临死之前，从手边的花草当中选出樱花草，正是要暗示凶手的出生地方。

密室自杀真相：首先作为一名上司，莫尔对安琪拉过分关心。其次，莫尔撞门时的力道显然不足以打开被胶布固定得死死的门，但是他却一次性撞开了门。所以路德先生断定，莫尔布置完密室以后，撕开了门上的一部分胶布，离开密室。等安琪拉死亡以后，他便假装敲门吵醒了路德先生，并让路德为自己证明胶布是当时才被弄开的。

没有指纹的间谍：这个女人涂了无色的指甲油，这样她摸过的东西就没有指纹了。这个女人因为洗澡时喷头坏了，没及时涂抹指甲油，于是她用过的笔和写过的字的纸上留下了她的指纹。

被拖延的谋杀案：福尔怀疑送奶工是凶手，打匿名电话的也是送奶工。送奶工以为警察接电话后很快就会开始侦查，因此他不必再送奶了，而送报纸的人却不知道真相，天天来送报纸。所以现场有两摞报纸，却连一瓶牛奶都没有。

半个人：如果绑架来的孩子的数目是单数，那么，单数的一半再加上半个，正好是整数。由于摩斯在最后一次送走孩子以后，自己床下还留下1个孩子，就可以推断出他当时应该还掌握着3个孩子。再推回去，一共有7个孩子遭到绑架，其中4个被关在东面，2个被关在西面。

找金笔的凶手：虽然巴尼特声称他不知道吕倍卡·兰恩被谋杀之事，但他却知道杀人现场。如果他是无辜的，他就应该到第三大街吕倍卡的新居寻找金笔。

杀人凶手浮出水面：案发后3个小时，盖文森

是不可能收到信件的。此时唯有真凶才知道埃顿是被刺杀的。盖文森过早地拿出这封信，恰好透露出自己是真正凶手的信息。

博物馆里的窃贼：因为早上下着大雨，游客的鞋子和雨伞都应该是湿的，而这个窃贼刚从博物馆里出来，雨伞和鞋子都是干的。

作曲家被害：红木赤郎的汽车刮水器一直是开着的，说明他来到这里时天还下着雨，所以刮水器的开关就那样开着，显然红木赤郎在说谎，他想掩饰自己的罪行。

7发子弹的左轮手枪：歹徒使用的是6响手枪，雷顿说歹徒向他连开两枪，他夺过枪又打死了5个歹徒，这样就从6响手枪打出了7发子弹，这就是破绽所在。

贪财的瞎子：这块布明明是红布，县官故意说是白布，算命的看不见，就也跟着说是白布，这下他终于露馅了。

一个精心安排的谋杀现场：假如像乔治所说，1小时前即劫匪到来之前，咖啡壶就已坐在火堆上，那么水就会差不多煮干了，不可能溢出来。

亨德森先生撒谎的证据：罗波侦探推断凶手是亨德森。当亨德森正要掐死自己妻子时，发现来了一个送货人，于是他慌忙跑到后院，以正在浇花为托词。如果他一直在花园浇花，他就会查看为什么水管停水，但是卡车压住了水管长达10分钟，他没发现这个细节，所以他在撒谎。

女明星不是自杀：山口申子在护士查房时吃了安眠药，睡着了。睡着的病人是不可能自己去跳窗自杀的。

半个月前的晚上：农历七月十五的前15天，是农历七月初一，那时候是没有日光的，晚上很黑，在不开灯的情况下是看不出某个盗画人手腕上有疤痕的。显然主管在撒谎，他是盗画者

的同谋。

自杀的股票交易员： 枪杀时将枕头放在受害者头前是为了降低声音，并防止凶手身上沾染火药味儿，以防被人发现。如果死者真的是自杀，何必多此一举呢？

冬夜"目击者"： 因为当晚大雪纷飞，死者房间的温度很高，外面又很寒冷，透明的玻璃上必然结有许多水蒸气，这个年轻人即使眼力再好，也看不清屋里发生的事情。说明"目击者"在说谎，他才是凶手。

帕森尼小姐家的"盗窃案"： 按帕森尼小姐自己的叙述，当时她正在淋浴，而且浴室的门窗关得很紧的，在这种情况下，浴室里的镜子一定被蒙上一层重重的水蒸气，怎么可能看到"罪犯"的容貌呢？

敲错门的小伙子： 小伙子一敲门就露了馅儿。因为三层、四层全是单人间，任何一个房客走进自己房间时，都不会先敲房门的。

一条黄色工装裤： 罪犯是乔纳费希队的杰克。他们的营地处在开麦基队营地的上游，在乔纳费希队营地河边钓鱼的杰克却说工装裤是从开麦基队营地方向漂过来的。扔在河里的东西哪有逆水漂流的道理？

探照灯照明了真相： 因为深夜的商场里边一片漆黑，当时刚刚睡醒的保安被探照灯猛地一照，眼睛会出现短暂的失明，根本不可能看清强盗的鼻翼处有一颗痣。由此可见，他在撒谎。

瞄准目标的秘密： 杀手先将寝室的灯泡弄松，女间谍进入寝室之后按下开关，灯泡并没有亮。于是她想将灯泡拧紧。这个时候，她正好站在电灯下方。

古堡凶杀案： 无底洞内漆黑一片，立昂还没有去看死者是谁，就说是306房间的客人自杀了，可见他就是凶手。

老金汉斯的老邻居： 老金汉斯口袋里只有一枚金币，因此不可能发出"叮当、叮当"的声响。

一道数学题： 数字计算中有这样一条规律：凡是同5相乘的数，乘积的尾数只能是5或0。中年人开始说孩子们年岁乘积是3024，又说孩子5岁。这就是自相矛盾。

找到装有毒品的木头： 先把1根木头放一边，另外6根分别放在天平的两边，每边有3根木头，如果两边平衡，显然旁边这根木头就装有毒品。

如果两边不平衡，再用同样方法来检查较轻一边的3根木头。这样，最多只用两次即可查出哪一根是藏毒的木头了。

火炉上的烤肉： 这个人既然说自己迷了路，没有来过这里，却能够知道炭块已经凉到把手伸进去不会烫伤的程度，这不是自己犯了逻辑错误嘛！显然他就是凶手。

丢失的骨灰盒： 要知道是谁作的案，就必须推断出谁有时间、有条件作案，我们不妨这样来推算：设水流速度为u，船在静水中的速度为v，那么船顺流时速度为v+u；逆流时的速度为v-u；再设投下骨灰盒的时间为t。因为小木盒漂流的路程加上船逆流赶上小木盒所走的路程，等于船在10点30分到11点45分这段时间内顺流所走的路程，即：（v-u）（10：30-t）+（11：45-t）u=（u+v）（11：45-10：30）解此方程后，t=9：15分。因此，投下骨灰盒的时间是9点15分，而此时安妮正在与罗斯太太争吵，她不可能作案；因此作案的是里丽。

破译藏宝箱： 这个规律是：和的十位上数字与第一个加数的十位上数字相同，这就要求个位上数字相加一定要向十位进1，1与第二个数字396十位上的数字9相加，一定会向百位进1，所以和的百位数字一定是8，所以剩下的9个箱子的号码分别是：408、418、438、448、

458、468、478、488、498。

前胸与后背：好人追赶坏人，必然从后背抓；坏人返身反抗，必然打到好人前面，所以胸前伤重的是好人，背后伤重的是坏人。

雨后的脚印：艾拉是先穿了芭蕾舞鞋踮着脚尖来到网球场的，但她随身带着高跟鞋。到晚上8点夫人来了，艾拉就掏出手枪杀了夫人，并在尸体旁边弯下腰把芭蕾舞鞋脱去，换上高跟鞋。她再一边用手电筒照着芭蕾舞鞋的脚印，一边踏着这脚印逃走了。芭蕾舞鞋脚尖的脚印小，高跟鞋的脚印大，所以穿着高跟鞋踏在芭蕾舞鞋的脚印上，就可以把芭蕾舞鞋的脚印完全抹去。这样，来到现场跟走出现场的脚印就只有一个人的了。

父与子：忠若虚拿出400文钱，让父子二人出去吃饭，就是在测试父子二人平时的生活作风。忠若虚根据父子二人用钱的多少，一下子便可知道父亲控告的内容是否真实。

受冤枉的木匠：因为根据字据，要兄弟3人一起到场才能还钱；现在少了老三，两个哥哥就无法向王木匠要钱；而如果老三出现的话，县官就可以把他抓起来。

生物学家之死：凶手是宇文途。死者左手抓的文章代表宇文途中的"文"，右手抓的玉白兔中的"兔"字则又与宇文途中的"途"谐音。

生豆子和熟豆子：贩豆子的商人是王恺派去的。王恺暗中派这名商人夜里路过寺庙，他被抢的豆子中掺了少数熟豆子。士兵找到了熟豆子，说明寺里的和尚是抢劫嫌疑犯或者是销赃犯。

男子的目的：男子的目的是卡梅伦的侦探事务所。这名男子有可能是想到卡梅伦的侦探事务所寻找某个重要文件，或者是想洗劫事务所，所以才故意设计，支开卡梅伦。

提货单以外的指纹：虽然提货单上3个人的指纹都有，但在铁路托运处提货时要有出门证，出门证上有提货人、开出门证者和门卫的指纹，所以从出门证上的指纹可判断作案者。

第三章 靠想象还原案发现场

阁楼门口的蜘蛛网：狡猾的纳罗森抓了几只蜘蛛，提前一天躲进阁楼。然后把蜘蛛放在阁楼门口，这样蜘蛛很快吐丝结网，就封住了阁楼门口。

被热情招待的越狱犯：这是一场化装舞会。

巧查珠宝走私者：女警官拿来一块木板，搁在一定坡度上，将12只罐头并列在木板上滚动，发现其中一只滚得较慢，那只罐头即是珠宝罐头。

案发现场的鞋印：当汤姆买鞋的时候，鲍波也偷偷买了一双和汤姆完全相同的鞋子。他把这双鞋子换给汤姆，于是，汤姆在毫无觉察的情况下，两双鞋子轮流穿着，所以两双鞋底的磨损情况也是一样的。

警察一无所获：翠西使了个"调包计"。她把珠宝藏在福纳蒂夫人的衣箱内，因为她断定侦探们不会检查受害者的衣物。等到列车靠站后，翠西便把一只一模一样的衣箱和福纳蒂夫人的衣箱调换了，珠宝便到了自己的手里。

谁是匪首：克莱尔探长问："真狡猾，可是你们的头目衣服怎么穿反了？"土匪们一时没有反应过来，都朝一个人看去，那个人就是土匪头子。

像谜一样的绑票犯：犯人是计程车司机。其一，女人只与司机有过接触；其二，计程车司机拉客人是很自然的，不易被怀疑。

只有猫知道：罪犯给猫注射了安眠药，在它的尾巴上绑了软木塞，把塞子塞到瓦斯管内。等猫醒后跑动，软木塞被拔开，瓦斯漏出来。

寻找嫁妆：盗贼们看了布告，害怕第二天被查出来，而整箱衣服目标太大，他们会把偷的衣服穿在里面，打算分几次穿出城。

睡衣出了问题：狗对气味非常敏感，在半夜里，它们只能凭气味来判断谁是陌生人。"珠宝鉴赏家"正是利用了这一点，他在白天到访时，趁人不注意，偷偷地调换了自己和卡路里的睡衣。

芯片藏在了哪里：芯片贴在了电风扇的扇叶上，当扇叶高速旋转起来之后，我们便无法看出扇叶上贴着东西了。

宝石被谁偷去了：选择在这种停电的时候偷宝石，并依然演奏乐曲，显然是盲人乐队精心设计的一个计策。他们的目的有三个：一个是想排除自己的嫌疑，一个是想吸引人们的注意力，一个是停电并不影响他们偷东西和藏东西。

钞票的行踪：梅琦将自己偷来的钞票通过邮局邮寄到自己家里。

被毒死的新郎：曹操说："这不是野兔肉，而是晒腹龟肉！"曹醉吓着哭着说："晒腹龟肉有毒，我要死啦！"这就等于承认自己故意毒死了新郎。

西餐店的谋杀：投毒的是迈克。他的作案工具是那支吸了毒液的老式钢笔。

吃饭破案：原来，警长在验死者伤口时，发现刀口在右边肋骨上，便断定凶手一定是左撇子，他在观察刘大行吃饭的情景时抓住了证据。

巧用厕所：莫斯将挖出来的土一点一点地带出，然后从厕所中冲走。

尸沉大海：身材矮小、瘦弱的士司机是先用车将死者载到沙滩，然后将她拖入深水处。铁饼是的士司机一次次潜入水中，分别绑在布袋上的。

模特队走私黄金：这个走私团伙把黄金做成了头发丝状，和金色的假发混在一起。

死在自己别墅里的选美冠军：凶手用瓦廖莎小姐的金色长发将其勒死，行凶之后又将瓦廖莎小姐的头发理顺，让人很难察觉到凶手是用死者的头发行凶的。

冯弧是怎么被法办的：张方重新写了一个案卷，在案卷上写道："杀人犯马瓜，无故将人杀死，现呈报斩首示众，特报请审批。"第四次派人送到京城。吴起接到案卷，展开一看，见说的是杀人犯马瓜，不是冯弧，就挥笔批了"同意处斩"4个字。待批文回来后，张方便在"马"字旁添了两点，"瓜"字旁加了"弓"字，变成了"杀人犯冯弧"。

法官的公断：律师在做测试时，法官做了如下设想：如果埃里克是凶手，会怎么做？测试进行的时候，大家的目光确实都转向了那扇大门，唯独埃里克例外！他依然端坐着，木然不动。因此，可以推断，在整个大厅里所有人当中，埃里克心里最明白：死人不会复活，被害人是不可能在法庭上出现的。

化装的漏洞：普斯林把逃犯化装成另一名通缉犯的模样，所以当逃犯走上大街后，马上就被警察逮捕了。

窗台上的鸟粪：是信鸽给他送来的细锉刀。

劫匪失踪了：是劫匪驾驶蓝色摩托车逃走后，在途中，和他穿着同样衣服的同伙替他骑上摩托车，继续往东驶去，以此来诱使警察继续追捕，从而达到扰乱警察视线的目的。

不翼而飞的1000万元赎金：1000万元的赎金其实并没被拿走，因为司机本身就是绑匪。他趁着挖坑埋旅行包时，挖了一个较深的坑，把钱埋在下面，把空旅行包在上层埋起来。

奇怪的爆炸案： 凶器是高尔夫球。罪犯在球中放了炸药，替换了青山正彦用的高尔夫球。对此毫无察觉的青山正彦举起球杆用力一击，高尔夫球便发生了爆炸。

利用自制的定时装置逃脱： 简单定时装置制作方法是：在火柴的折叠轴旁夹上点燃的香烟。如此一来，香烟的火移至火柴处后，火柴就会着火，接触汽油引发爆炸。

夜行列车上的怪事： 田山在途中被副驾驶员杀死，并被丢入蒸汽锅炉中烧掉了。蒸汽火车的锅炉火力很强，不用费多少时间就可以烧掉人的尸体。燃烧尸体时产生的臭气也会在列车行进中被风吹散。这个车头就像个移动式的焚尸炉。

恐怖分子的下场： 直升机上的两名飞行员都是仿真机器人，机器人还可被远程遥控。

消失的赎金： 犯人从32号寄物柜背面的寄物柜拆下隔板，取走了现金，再将之恢复原状。

是酒后驾车吗： 尸检报告证明了这个死亡的女子是聋哑人，是盲人。因为那个女子又聋又瞎，根本听不到汽车鸣笛的声音，而她手中又没有拿标志盲人的手杖，所以发生了这场意外事故。

相同的车胎痕迹： 罪犯把吉尔停在公司停车场的车轮胎卸了下来，换到自己的橙色跑车上，作案后再把轮胎换回来。

舞会杀人之真相： 参加舞会时，州长把真腿藏在他的裤子里，只露出一只假腿。命案发生后，他竟然能大步跑，说明他的假腿已经不在他身上。首相注意到了这个违反逻辑的变化，就认定是州长用假腿打死了公爵，然后把假腿扔了。

失踪的新郎： 黛娜的丈夫查理其实个结婚骗术师。他是该观光客轮的一等水手。所以他在客舱的数字上动了手脚，制作了写有B13字样的客舱号，换掉了原本是B16的客舱号，他这么做就是为了引开黛娜，好方便自己转移那两万美元。而在码头上，他同黛娜一起上舷梯时，为了不暴露身份穿着便服。二等水手以为上岸的一等水手回来了，怎么也想不到他会是黛娜的新郎。

遗嘱风波： 同犯就是养母的保健医生。他受卡娜重金收买，在每周定期检查时，将无色无味的毒药涂在体温计前端。在当时，体温计是口含的。这样日积月累，终于有一天达到了致死的剂量。

凶器自遁之谜： 陈峰本人曾是航模运动员，他杀妻后将凶器放在航模上，然后遥控航模飞行到"希望大酒店"屋顶再抛下凶器，所以警察在现场找不到凶器。

会"说话"的尸体： 周纤从尸体的头发和耳孔里发现很多稻草屑，便很准确地判断出凶手是把尸体藏在稻草里混进城的。

男爵之死： 夜晚，趁男爵熟睡之际，4个印度人爬上健身房的屋顶，卸下采光窗玻璃，从铁栏杆之间放下4根头上系着钩子的绳子，分别勾住床的4个脚，然后把床连同睡在床上的男爵高高吊起。男爵有恐高症，被吊起来后因惊吓而死。

收萝卜： 伙计问这两人萝卜来自何处时，因为是偷来的，所以这两人说不清萝卜的来历，便断定他们一定是贼。

嫁祸他人： 队长对车主们说："刚才我们已经提取出了死者的指纹，只要跟肇事车辆上的指纹作对比，就会知道真相。"因为死者是被肇事者从正面撞击的，那么死者的手一定会不小心碰到车上。只要通过指纹比对，就能发现真凶。

第四章 科学是最可靠的证据

被移动的尸体：松叶牡丹只有白天才开放，死者死亡时间却是晚上，而且死者尸体下被压坏的松叶牡丹仍在开放，证明尸体被移过来不久。

偷马贼的证词：骡子根本不会生育，因为骡子是马和驴杂交生出来的。

伪造的遗书：日期写法不同。英国人习惯上按照日、月、年的顺序书写。而美国人则相反，先写月份，再写日。

不见踪影的火魔：雨水成为凸透镜。因为温室的屋顶有凹陷，所以昨夜的雨水聚积于此。雨水聚积，正好形成凸透镜，使太阳光发生折射，形成焦点。焦点的热度就使温室中的枯草燃烧，这就是引起火灾的原因。

血型辨凶：根据血型学的研究，父母的血型与子女的血型，只能存在以下关系：

父母血型	子女血型
A★O	A、O
B★O	B、O
AB★O	A、B
AB★AB	AB、A、B
O★O	O
A★A	A或O
B★B	B或O
A★B	A、B、AB、O
A★AB	A、B、AB
B★AB	A、B、AB

　　霍布斯是凶手，乔丽莲是帮凶。因为康拉德父亲的血型是O型，母亲的血型是AB型，这样儿子的血型只能是A型或B型，所以康奈尔的血型不可能是AB型，康奈尔不是凶手。霍布斯和乔丽莲是假离婚，目的是以康拉德的

遗腹子的名义夺取财产。

智破绑架案：希尔探长断定拍照时卡莉必然与绑匪面对面，那么绑匪的相貌便会映在她的眼球中。拿到卡莉的照片，希尔探长命人运用先进的摄像技术将照片放大，直到能在卡莉的眼球上清晰地看出绑匪的相貌为止。

巧克力之谜：巧克力在28℃以上就会变软，而当时气温高达38℃。杰里的巧克力是硬邦邦的，这说明他刚从有空调的地方出来，而这个小火车站只有刚到达的火车有空调。

神秘的青铜像：真正的凶手是埃夫文。青铜在石头上不会撞出火花。

埃及古坛：不要买比较好。公元前的年数是以负数计算的。如果他在公元前1290年继位，在位67年，则退位时间应为1224年。

被忽视的强盗：猴子也有指纹，盗贼就是管理员饲养的猴子。除了人之外，有指纹的动物还有猴子和树袋熊等。

发型破案：服务员的建议是把该游客带到理发店，给他剃成光头，三七开分头的分界线就会明显地暴露出来。因为盛夏在海滨住了半个月以上，分界处的头皮会受阳光照射。头发剃光后，头上就会出现一条明显的分界线。

兔肉杀人：杰克是真正的凶手。他精心谋划了杀害布朗的过程。他知道阿托品是一种毒药，如果将其注射在兔子体内，兔子还能活蹦乱跳，因为兔子对这种毒素的抵抗性很强，但兔子的排毒性很差，所以人吃了兔肉就会二次中毒。

河豚料理引发的刑事案件：原来厨师长拿的是鲭河豚的头，也就是说死者生前所吃的是鲭河豚，而鲭河豚的内脏是无毒的。

谜局：钻石能切割玻璃。小汪事先从橱窗里拿走了钻石，然后用钻石把玻璃割了一个大洞，

这样就不会留下任何痕迹。

深夜劫案： 易拉罐啤酒未经摇晃不会产生大量泡沫。既然是朋友遗忘的包，应该长时间没动过，打开也不会产生大量泡沫，男青年带着它奔跑才会令其产生泡沫。

蹊跷的死亡： 死者是被雷击中而死的。首先，死者额头的挫裂伤是由电击造成的机械性损伤，除此以外还有可能造成骨折，挫裂伤口内的焦黄痕其实就是电烧伤，尸体体表汗毛的烧灼和卷曲现象也都是电击所造成的。

其次，死者胸口处出现皮下血纹的现象，其实是雷击纹，因雷击的电流会造成皮下血管扩张充血。并且这种雷击纹会在3~5个小时内消退。

再次，尸体身边的钢笔。雷击电流的中心温度非常高，这样的高温足以使金属汽化。

最后，窗户上的空洞乍看像弹孔，但周围是一片旷野，凶手没有办法行凶，更何况小孔与子弹的大小也不相符，因而，这也是雷击造成的，所以小孔的高度才会与死者额头伤口的高度刚好吻合。

中蛇毒而死的人： 在温带地区，蛇在冬天是要冬眠的。因此不可能是毒蛇咬死了人。

古老的壁画： 恐龙绝迹几千万年以后，才有人类出现，壁画上却有原始人追杀恐龙的画面。维尔那教授看了应该知道壁画是假的，不可能说这是最古老的壁画。青年的话表明他在撒谎。

黑衣男人的诡计： 黑衣男人出现的时候浑身湿漉漉的，而事发地点距离他出现的地方有半个小时的路程，如果他真是跑出来求救的，那么，他身上的衣服应该有结冰现象才对。

寻找放哨的人： 酒的冰点比水低得多，因此，使酒结冰的温度很低，那种情况是不会在常规环境下出现的，所以这个酒鬼一定是假装的。

鸡蛋中的针： 先将鸡蛋泡在醋里，蛋壳就会慢慢变软，在这时候将针扎进去，蛋壳不会破裂。然后将鸡蛋放到水中，蛋壳发硬后，就看不出痕迹了。

大画家的遗作： 因为"一连几天气温都在零下几十度"，而其木屋的窗上又有破洞，橱中的墨水早就应该冻成了冰块，怎么能马上用来作画呢？

县令验伤： 原来，南方有一种树，用这种树的叶子涂擦皮肤，皮肤就会出现青红的颜色，特别像殴打的伤痕。这些假造的伤痕和真伤十分相像，就是用水洗都洗不掉。但真伤和假伤用手摸，还是能分辨出来的。

龙卷风： 尸体旁边均匀的圆形血迹表明，米拉应该是在无风的情况下被木桩击打致死的。假如是龙卷风来时撞击木桩导致米拉的死，那么米拉的血迹应该是被吹后分散地落在地上。米拉的母亲发现女儿的尸体时，风还很大，这说明，米拉是在风刮起来之前就已经被打死了，也就是说米拉的表姐撒谎了，她是真正的凶手。

白色康乃馨： 5月的第二个星期天是母亲节。在美国，这一天，有母亲的孩子会戴红色康乃馨，没有母亲的孩子会戴白色康乃馨。被害人在花园中被刺时，为了暗示犯人没有母亲，于是摘下了白色康乃馨握在手中。所以次女女婿是凶手。

古堡里的阴谋： 凶手先将水桶中放入大冰块，然后将系上绳子的青铜工艺品雕像置于冰块上。如此一来，随着冰块逐渐融化，沉重的青铜工艺品雕像会往下降。同时，绳子牵引的张力会启动枪支扳机，击毙被害人。在此之前，也许凶手已经让被害人服下了安眠药，还将被害人绑在了床上。所以当尸体被发现时，水桶里的冰完全融化成了水。

消失的金块： 瓶中装的是王水，金块溶解在王水中了。

水盆里的铜钱：卖油郎手上沾了油，所以他拿钱的时候铜钱上也会沾上油，县官看到水盆里的水漂着油花，就知道这钱是卖油郎的。

住在隔壁的通缉犯：是听诊器。因为科尔是医生，自然随身带着听诊器。正是由于借助了听诊器，珍妮才听清了隔壁房间里那对夫妇的谈话内容。

半瓶可乐：如果这瓶可乐是从冰箱里拿出来的话，和外面的空气一接触，一定会有很多小水珠。但是马汀探长看到纸上干干净净，没有水痕。

被风吹丢的稿纸：火车在高速行驶的时候，车厢里面的气压要比外面高，如果打开窗子，窗边的稿纸只能被吸到窗子外，不可能被吹进车厢里。

酒后行凶：银器把柄有些发黑就是因为王本手上有硫黄。当银器与硫黄接触后就会发生化学反应，所以把柄处变黑了。

嫌疑人的不在场证据：郁金香遇光开始开放，如果大学生很早在那里读书的话，郁金香早就开放了。

狮子的神秘微笑：嫌疑人在临近演出前，快速将美女驯兽师的头发喷上气味清淡的香水，这种香水的气味非常清淡，让美女驯兽师误以为是屋里的鲜花散发出来的气味，但这种香味会让狮子想要打喷嚏，这时，美女驯兽师就被狮子咬死了。

一只红色的龙虾：龙虾只有煮了以后才会变成红色的，老板怎么会把已经煮熟的龙虾再煮一次呢？显然这个人在说谎。

水中的赃款：皮箱和里面的纸钞密度小，入水后并不会沉入河底，而是漂浮在水面上。

敏感的008号：008号开电炉时，由于没有闻见灰尘的焦味，所以警觉到有敌人侵入过。

电视破案：飞机起飞的时候，会干扰到电磁波，导致电视屏幕出现类似信号干扰的雪花效果。如果斯蒂森在案发时间在看电视，就一定能发觉此事，所以他在说谎。

死者的皮鞋：麦克海尔探长看到阿泰斯特脚上穿着新皮鞋，鞋底的花纹清晰可辨。这说明阿泰斯特并没有穿着新皮鞋在泥地上行走过，这也就不存在阿泰斯特在泥地上滑倒摔伤的可能了。阿泰斯特的手背搭在电线的断头上，仿佛在告诉人们，阿泰斯特是触电身亡。而凶手恰恰忘记了这一点：人的手背触电是不会致死的，因为手背一触电，手的筋就会向里收缩，即可脱离电线。所以，由此推断，这是凶手制造的假现场。

公司纵火案：电线着火是不能用水扑的，只能用二氧化碳灭火器或者干粉灭火器扑灭，否则火只会越烧越大。总裁说他用水扑灭了明火，这显然不符合常识。

用心良苦的自杀：老伯在化学品商店购买了干冰，然后躲在干冰上自杀了。干冰受热不会融化，而是直接汽化。所以尸体被发现的时候，干冰也消失得无影无踪。

金发告知的秘密：由发尖的形状不同判定。团侦探将被害人右手握的金发与马奇头上直接拔下来的金发用放大镜比较之后，发现发尖的形状不同。因为马奇的头发是前天上午刚剪短的，发尖被剪之后，角度呈水平。然而，被害人手上握的金发，发尖是圆形的。换言之，绕在死者手上的是马奇剪发前的头发。

怪盗的纰漏：随着科技的进步，人们提取指纹和血液的方法也越来越多，除了从现场找寻指纹和血液外，还可以从动物身上找到突破点。在本案件中，院子里的蚊子保留了怪盗的血液。警察在院子里找到了被怪盗打死的蚊子，通过留在蚊子体内的血液，断定该偷盗者的血型是B型RH阴性。

李良审鹅： 在半个时辰之后，鹅在白布上拉了一堆屎。屎的颜色是绿色的，是平日里农民喂它们吃草的缘故。而按照饭店老板的说法，鹅拉的屎应该是黄色的。所以，农民才是鹅真正的主人，饭店老板撒了谎。

夺命河： 如果在水中通过一条长1.8288米、直径为0.0254米的胶管呼吸，麦克将很快窒息，因为他吸入的正是他自己呼出的气体，而非氧气。这么简单的医学常识，身为医生的大卫当然知道。

欢快的热带鱼： 因为在下大雪的夜里，若果真停了一夜的电，那么水槽里的自控温度调节器自然也会断电，水槽里的水就会凉，热带鱼也就会冻死了。

品尝红薯的滋味： 包公依照种地的知识进行逻辑推理：地里第一年种烟，第二年种红薯，红薯就是苦的；地里第一年种玉米，第二年种红薯，红薯就是甜的。

向日葵的秘密： 在普通房间里，向日葵释放二氧化碳是可以杀人的，但至少需要6000-10000棵。所以曼丽的死因一定不是这个。

狩猎营地发生的惨案： 那是一个漆黑的夜晚，任何动物的眼睛都不会闪光，除非有光亮，其眼睛才会闪光。因此，威利不可能看见人眼在黑暗中闪光。很显然，这是谋杀。

第五章 靠观察寻找蛛丝马迹

刑警的判断： 老约翰回家时的足迹是卡特扛着老约翰留下的，在两个人的重压下，雪地上留下的足迹当然较深一些了。

强盗入侵： 强盗是昨晚10点左右闯入的，今日帕隆来时是正午时分，这么长时间炉子上的那壶水还在沸腾，可见女友说的是谎言。

金库密码到底在何处： 当盗贼潜入室内时，鹦鹉不经意说出了金库的密码，于是盗贼就轻而易举地打开了金库，拿走了所有的宝石。

从树上摔落的男人： 如果这个男人真是从树上跌落下来的，脚的伤痕应该是横向的。他爬树应该是双脚夹着树干，因此掉落时，脚的伤痕是横向的。而图中此人脚的伤痕是纵向的。

我刚打猎归来： 如果猎犬刚刚打猎回来，是急需吐出舌头散热的，而这条狗却在闭目养神。文德斯显然是在撒谎。

从字母"S"找凶手： 208号房间的人是凶手，因为8和S形状相近，茉莉很可能没等写完就死了。

安格莉卡的话里露出的破绽： 这位太太一再声称她不认识哈里希，但她却知道哈里希的全名，显然她是认识此人的。

上当的杀手： 杰克将杀手喝过酒的酒杯锁进了保险柜。在那只玻璃酒杯上，留有杀手的唾液和左手的指纹。

电话机在哪里： 基米说他没有来过戈里的家，可是他却熟悉电话机在哪里，说明他在撒谎。

消失的凶器： 凶手利用袜子和鱼缸里的沙子做成了一个杀人凶器——他用袜子装了鱼缸里的沙子，并用它砸死了这位老板。但在警察进来时，他还没有处理好现场，所以留下了让警察洞悉真相的蛛丝马迹。

谁是无辜的： 首先，马恩先生的包厢内没有挣扎打斗过的痕迹。其次，当时马恩先生正在悠闲自得地抽着雪茄，雪茄上留着一段长长的烟灰，所以他无法像那个女人说的那样，把她强行拉进包厢企图强抱。再次，报警的按钮上留着马恩先生自己的指纹，也就是说马恩先生报的警。

一个沾满鲜血的手印： 老人是看到5个指头的指纹全部正面紧紧地贴在墙上的情形才觉得奇

怪的。因为手掌贴到墙上时，拇指与其他4个指头不同，是侧面对着墙壁的。所以，拇指的指纹不应紧紧地全贴在墙上印出来。

隐形的凶器：凶器就是炉子上的烤羊腿。妻子先从冰箱里拿出坚硬的羊腿击破丈夫头部，然后将羊腿放在炉子上烤熟。

钻石藏在哪儿：冰的密度小，应该浮在杯子上面，而梅姑杯子里的冰块却沉到了杯子底部，因此可以断定，她杯子里的冰块中一定有钻石。

最后一个指纹：艾瑞克也知道通过指纹就可以找到凶手，所以他擦去了蒂夫在房间里留下的指纹，但忙中出错，他却忘了擦去蒂夫留在门铃键上的指纹，所以，警察到来的时候，没按门铃而是敲门，就是为了不破坏蒂夫的指纹。

究竟是自杀还是他杀：是他杀。因为死者在两个月前已经因左手麻痹而不能再拿画笔，但现场却发现他依然用左手拿枪。因此说明是他杀。

凶手是付潇。因为葛丰是画家，他对于画家左手麻痹的这个细节不可能观察不出来。

保姆在撒谎：警察就坐在那把椅子上，他感觉很凉，说明这把椅子长久没人坐了。很明显，保姆在撒谎。

偷钻石：汤姆脱了手套开锁，在保险箱上留下了指纹，这是一个证据；另外，他听到开门声，慌不择路，急于逃跑，竟忘了放在椅子上的手套，这又是一个证据。

盲人捉贼：在楼下时，盲人听到了大座钟的"嘀嗒"声。但当他走进二楼书房时，听见座钟的声音一下子变微弱了，说明小偷挡住了座钟，他就指示费勒探长朝大座钟的方向扑过去。

恶毒的侄子：记事本上的字是用铅笔写的，肯定会在下一页留下划痕，这样警察就能知道其中的具体内容了。

船上的盗窃案：海风大作，航船摇摇晃晃，所以是不可能写出工工整整的字来的。女作家做这样的伪装就说明她心中有鬼。

愚蠢的人：如果服务员真的是刚进房间就被打倒了，那么牛奶就不会安然地放在床头柜上，而是被打翻在地上。

怪异的圣诞老人：一般人在打扮成圣诞老公公时，通常穿着单薄的衣服。刑警之所以注意到举止怪异的圣诞老公公，是因为伪装的圣诞老公公穿着平常的衣服之后，再穿上圣诞老公公的衣服，步伐沉重而笨拙，混入人群，即使在寒冷的冬天，也会热得直冒汗。

牛肉干断案：小男孩来送牛肉干，埃达听见"吱"一声门响后，就来到了后门。她怎么知道小男孩是从后门进来的呢？所以可以肯定埃达不是第一次来莉亚家。

浮在湖上的尸体：田川露出破绽的主要原因是疏忽了受害者手上的表。一般手表注水太多，会停止走动。如果受害者是9点左右坠湖而死，那么表上的时间会为9点左右，而实际上手表上的时间却是半夜后。

"诚实"男人的死：亚莫斯去马蒂莲的公寓时，肯定会摘下他的结婚戒指，如此一来，手指上这道白痕就会暴露他已婚的身份。所以是马蒂莲因爱生恨杀了亚莫斯。

失踪的乘客：遗留物中没有车票就是证据，这个证据表明，此人仍在潜逃。

真假布店伙计：从年轻人手忙脚乱的卷布动作就可以看出，他不是布店伙计。

母爱断案：只有真正的母亲才会这么心疼孩子。出生不到两个月的孩子，根本经不起大人的抢夺。赵家媳妇因为看到孩子疼痛放声大哭，心有不忍，所以放手了。这就证明她是孩子的亲生母亲。

谁偷了画册：我们从芬妮太太的话中可以推断

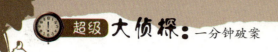
出是她偷走了画册。因为她忘记戴近视镜，连手中的5元纸币都看不清楚，又怎么能看清两米外的情况呢？

语文老师的作文课：探长找的是第二个学生，因为他的作文里，写了店里有"两个钱柜"，说明他了解店里的实际情况。

留下的痕迹：警察抓到蒙面人是因为电脑上的指纹，他是在删除电脑记录时留下的。

大号放大镜：霍金斯意识到杀人的凶器正是从集邮家桌子上不翼而飞的放大镜，因为放大镜是检视集邮品必不可少的工具。

音乐会上的谋杀：埃利不问理由，事先已做好演出准备的事实，说明他对巴蒂的死和自己将上场演出有所准备，这就证明他涉嫌谋杀。

车祸肇事逃逸者的谎言：问题在于电视和车身，因为看了很久的电视会是热的，而刚开过的车子就算熄火了引擎也是有余温的。很显然年轻人说了假话。

转移尸体：如果库兹涅娃是昨晚10点到12点之间在自己家的浴室里猝死的，那么浴室里的灯应该是开着的。乔治把库兹涅娃的尸体运到她的住所时，天已大亮，因此，乔治根本没有想到要去开灯。

小偷的疏忽：小偷是从阳台进来的，不可能打开窗户，但他却从门走出去，显然，他忘记关窗户了。

金匕首：警察只说大卫家被盗了，大卫怎么知道自己的金匕首被偷了呢？

寻找目击者：地上的油漆痕迹告诉南可，福特走到路中间时，看到了凶杀情景，于是他跑进工具间并将自己反锁在里面。

第六章　大侦探学校毕业考试

大侦探学校毕业考试：

第一关：5号鞋印。

第二关：男子用的凶器是冻豆腐。冻过的豆腐像石头一样坚硬，完全可以成为致命的凶器。

第三关：死亡时间在晚上10点30分左右。时间显示在死者被损坏而停止运行的手表上。

第四关：可以将极细的线剪下几厘米，将线的一端系在房间门的底端，然后关上门，将线的另一端系在门框上。如果你回来时线被移动过，那就证明肯定有人进来过。

第五关：牵牛花一般是在夏日的凌晨开放。死者当时正在画开放的牵牛花，所以案发时间应该是凌晨，牵牛花盛开的时候。